Thorben Prenzel

Handbuch Lobbyarbeit konkret

Thorben Prenzel

Handbuch
Lobbyarbeit
konkret

WOCHEN
SCHAU
VERLAG

Bibliografische Information der Deutschen Bibliothek

Die Deutsche Bibliothek verzeichnet diese Publikation in der Deutschen Nationalbibliografie; detaillierte bibliografische Daten sind im Internet über http://dnb.ddb.de abrufbar.

© by WOCHENSCHAU Verlag
Schwalbach/Ts. 2007

Titelgestaltung: Ohl Design
Gesamtherstellung: Wochenschau Verlag
ISBN 978-3-89974304-3

Inhalt

Für wen ist dieses Buch?

Sind Sie in einer Initiative aktiv oder wollen es werden?

Arbeiten Sie bei einem sozialen Träger, der auf politische Unterstützung angewiesen ist?

Wollen Sie Ihren Verein besser in der Öffentlichkeit verankern?

Braucht Ihr Verband neue Ideen und Ansätze, um wieder eine aktive Rolle spielen zu können?

Wollen Sie sich und Ihr Team motivieren, neue Wege zu beschreiten?

Wenn Sie diese Fragen mit Ja beantworten, dann ist dieses Buch das richtige für Sie. Es ist für diejenigen gedacht, die sich als Teil ihres Berufslebens oder ehrenamtlich mit dem Problem beschäftigen, ihren Verband oder ihren Verein, ihre Initiative oder Gruppe in der Öffentlichkeit platzieren zu müssen. Das Buch bietet die notwendige Unterstützung bei den alltäglichen Problemen, die in dieser Arbeit auftauchen.

Egal, was genau Sie erreichen wollen, wenn Sie auf die Unterstützung aus der Politik, aus der Verwaltung oder aus der Öffentlichkeit angewiesen sind, müssen Sie aktiv werden. Sie müssen Politik und Verwaltung überzeugen, die Öffentlichkeit erreichen und dürfen bei alledem Ihre Mitstreiter nicht vergessen. Sie müssen Lobbyarbeit machen!

Dieses Buch bietet Ihnen Tipps und Tricks, Hintergründe und Basiswissen, wie Sie effektive Lobbyarbeit betreiben. Sie werden einige Dinge schon in Ihrer täglichen Arbeit nutzen, ohne es je richtig gemerkt zu haben. Andere werden Sie auch nach langjähriger Arbeit noch neu für sich entdecken.

Sie lernen in diesem Buch,
- wie Sie eine Lobbystrategie entwickeln,
- wie Sie die Entscheider in Politik und Verwaltung auf Ihre Seite ziehen,
- wie Sie über die Öffentlichkeit Druck aufbauen,
- wie Sie Ihre Themen in der Presse platzieren, und
- wie Sie Ihren eigenen Verband auf diesem Weg mitnehmen und voranbringen.

Kurz: Dieses Buch wird Ihnen helfen, Lobbyarbeit in eigener Sache zu betreiben. „Klappern gehört zum Handwerk", heißt es so schön. Hier können sie den richtigen Ton erlernen.
Viel Erfolg!

Einleitung

Was ist Lobbyarbeit?

Der Begriff geht auf die *Lobby* (Vorhalle, Wandelhalle) des britischen Parlaments zurück. In der Lobby wurden Parlamentarier von Vertretern verschiedener Gruppen an ihre Abwahlmöglichkeit erinnert und so einer Form der Kontrolle unterworfen. Eine Lobbygruppe ist „ein Zusammenschluss von Personen oder Organisationen zur Vertretung gemeinsamer Interessen gegenüber Dritten, insbesondere Gesetzgeber und Verwaltung." Der Begriff des Lobbying umfasst Merkmale wie Einflussnahme, Informationsbeschaffung und Informationsaustausch. Weiter wird die strategische Vorgehensweise hervorgehoben.

Lobbyarbeit ist mitnichten ein einfacher Vorgang, wo man im rechten Augenblick seine Forderungen vorträgt und damit seine Ziele erreicht. Lobbyarbeit ist ein dauerhafter Prozess, für den man einen langen Atem benötigt.

Die negativen Seiten der Lobbyarbeit

Wer entscheidet in unserer Gesellschaft? Diese Frage lässt sich nicht leicht beantworten. In unserer modernen Demokratie mit seiner Vielzahl von Akteuren und der Vielfalt an Entscheidungsstrukturen überblicken häufig nur noch Fachleute das Chaos. Selbst in der Politikwissenschaft gibt es unzählige Arbeiten darüber, wie Entscheidungen in der Politik zustande kommen. Häufig wird vom Demokratiedefizit gesprochen: Kann überhaupt noch von transparenten Strukturen gesprochen werden? Der Bürger kann trotz demokratischer Strukturen Entscheidungen kaum mehr beeinflussen.

Lobbyismus besitzt nicht zu Unrecht einen negativen Beigeschmack, ist von der Grundidee her aber nichts Negatives: Um verschiedene Sichtweisen in eine politische Entscheidung zu integrieren, müssen Verfahren geschaffen werden, mit denen

Gruppen sich aktiv beteiligen können. Die Adressaten einer politischen Entscheidung sollen eine Möglichkeit haben, sich in den politischen Prozess einzubringen.

„Ein guter Lobbyist steht als Ansprechpartner zur Verfügung. Er bietet Hilfe bei Sachfragen und unterstützt die Politik und Verwaltung bei der Gesetzgebung." – *so ein hochrangiger Lobbyist eines großen deutschen Wirtschaftsverbandes.*

So weit die Theorie. Im Endeffekt sind natürlich die Argumente je nach Präferenz des Lobbyisten „eingefärbt". Hieraus ergeben sich einige demokratietheoretische Fragen, zum Beispiel inwieweit die Lobbyarbeit den demokratischen Entscheidungsprozess aushebelt. Gefährlich wird es dann, wenn Einzelinteressen (eines Wirtschaftsunternehmens) als Interesse des Gemeinwohls wahrgenommen werden. Dann wurde gute Lobbyarbeit geleistet, für die Demokratie ist dies allerdings ein Fluch. Auffälliger sind natürlich Bestechungsversuche einzelner Interessensverbände. Das kann von einer Einladung zu einer Konferenz in Paris bis hin zur Geldübergabe reichen.

Kritisch wird es, wenn:
- Entscheidungen nicht mehr transparent sind,
- Einflussgruppen über ungleich verteilte Ressourcen verfügen,
- Einzelinteressen zulasten des Allgemeinwohls durchgesetzt werden.

Die sich daraus ergebenden Fragen sollen hier nicht weiter diskutiert werden. In der Regel werden Sie nicht über die Mittel verfügen, um solche Form der Lobbyarbeit durchzuführen. Glücklicherweise! Sie als Lobbyist sollten ehrlich bleiben. In der Regel führt man damit ein zufriedeneres Leben.

Seien Sie sich bewusst, dass auch Sie nur die Interessen eines Teils der Bevölkerung vertreten. Sie als Lobbyist vertreten gewisse Werte und Sichtweisen. Machen Sie dies auch ruhig deutlich. Wenn Sie damit offensiv umgehen, werden Sie als ehrlicher Gesprächspartner geschätzt. Ein zusätzlicher Nutzen: Niederlagen können auch leichter verkraftet werden. Die Welt wird nicht untergehen, wenn Sie Ihre Meinung nicht durchgesetzt haben. Ein realistischer Blick hilft bei der Arbeit.

Wo liegen die Schwierigkeiten in der täglichen Arbeit?

Gute Lobbyarbeit ist vielschichtig:

- Entscheider in Politik und Verwaltung müssen „bearbeitet" werden.
- Veranstaltungen und Aktion müssen organisiert werden, um in der Öffentlichkeit wahrgenommen zu werden.
- Die Presse muss mit Artikeln versorgt werden.
- Geld und Sachmittel müssen aufgetrieben werden.
- Und nicht zuletzt muss der eigene Verband mit einbezogen werden.

Dies alles kann eine Person allein nicht schaffen: Deshalb brauchen Sie eine aktive Gruppe, in der verschiedene Menschen verschiedene Aufgaben übernehmen können. Diese Gruppe will organisiert werden.

Lobbyarbeit benötigt auch einen langen Atem: Kurzfristige Erfolge sind dünn gesät. Für langfristige Arbeit brauchen Sie eine Strategie.

Die verschiedenen Ebenen der Lobbyarbeit müssen miteinander koordiniert werden: Wann spreche ich Politiker an, wann die Verwaltung und wie kann ich die Öffentlichkeit auf meine Seite ziehen? Hierzu müssen Sie wissen, wie die einzelnen Personengruppen zu erreichen sind.

Mit diesem Buch haben Sie eine Anleitung in der Hand, mit der Sie Ihre Arbeit und die Ihrer Mitstreiter effektiv gestalten können. Nutzen Sie die Anregungen und keine Angst vor der Größe der Aufgabe: Es kann sogar Spaß bringen!

In England ist die empirische Wissenschaft der Glücksforschung anerkannt. Mit Hilfe von Fragebogen wird ermittelt, welche Faktoren für eine hohe Zufriedenheit im Alltagsleben ausschlaggebend sind. Ein Ergebnis dieser Untersuchungen besagt, dass Menschen, die sich aktiv für das Gemeinwesen einsetzen, glücklicher sind als Menschen, die egoistisch veranlagt sind.

Zur Nutzung dieses Buches

Dieses Buch ist so aufgebaut, dass jedes Kapitel auch einzeln gelesen werden kann. In jedem Kapitel finden sich Beispiele, die einzelne Punkte verdeutlichen. Checklisten dienen dazu, die eigene Arbeit zu überprüfen.

Und noch eine letzte Bemerkung

In diesem Buch wird fast ausschließlich die männliche Form verwendet (Bürger statt BürgerInnen). Dies ist ausschließlich der besseren Lesbarkeit geschuldet und soll die größere Gruppe der Leserschaft (im Durchschnitt der Bevölkerung 52 %) nicht ausschließen. Bei Beschwerden wenden Sie sich bitte an Ihre Deutschlehrer(Innen!).

I. Grundlage der Lobbyarbeit: Die richtige Strategie

Die Gruppe wird immer kleiner. Obwohl zum Auftakttreffen der Initiative gegen den Bau des Einkaufszentrums über 50 Menschen kamen, sind nach fünf Treffen nur noch eine Hand voll übrig. Endlose Diskussionen prägten die Treffen. Und selbst das Ziel der Gruppe war nach den fünf Treffen immer noch unklar: „Wollen wir das Zentrum komplett verhindern? Soll es woanders hin? Soll es nur kleiner ausfallen? Keiner wusste mehr weiter.

Viele Initiativen und Vereine kennen das Problem: Viel reden um nichts, man kommt nicht voran und die Zahl der Aktiven wird immer kleiner. Häufig scheitern Initiativen an den Grundlagen: Keiner weiß so recht, wie es vorangehen soll. Weder ist das Ziel bekannt noch welche Schritte als Nächstes anstehen. Hier hilft gute Planung und eine Strategie. Aber:

– Viele wollen sofort aktiv werden: „Wir sind doch nicht zum Reden hier".
– Planung ist anstrengend: „Strategie? Das ist doch was für Fachleute. Wir sind hier eine Gruppe von Bürgern, keine Profis".

Sie werden bei Ihrer Arbeit auf diese Reaktionen treffen. Es ist für viele Menschen anscheinend leichter, sofort mit der Arbeit anzufangen als erst mal in Ruhe nachzudenken.

1. Warum ist gute Planung so wichtig?

Damit Ihnen die Überzeugungsarbeit leichter fällt, hier ein paar Argumente:

Planung findet überall statt

Wie sieht Ihre tägliche Arbeit aus? Wenn Sie zuhause abwaschen, ist es sinnvoll, erst die leicht verschmutzten Gläser und Becher zu spülen, bevor die verdreckten Töpfe an die Reihe kommen. Hier sparen fünf Sekunden Nachdenken viel Zeit und Arbeit.

Planung stärkt den Zusammenhalt der Gruppe

Besonders wenn mehrere Personen beteiligt und vielschichtige Aufgaben zu erledigen sind, ist gute Planung das A und O. Je genauer Sie am Anfang planen und Aufgaben verteilen, desto einfacher ist es, während der Arbeit den Überblick zu behalten.

Der Zeitfaktor

Die Zeit, die in eine gute Planung investiert wird, ist nicht verloren. Sie wird nachher bei der Umsetzung doppelt und dreifach gespart. Wenn erst mal Einigkeit über die Ziele und den Ablauf besteht, kann alle Energie in die Umsetzung fließen.

Erfolgskontrolle

Eigentlich ist man immer unzufrieden. Egal wie gut eine Aktion oder ein Projekt gelaufen ist, es hätte immer noch besser sein können. Auch hier hilft gute Planung: Setzen Sie vorher fest, was Sie wie erreichen wollen. Am Ende können Sie dann abschätzen, ob Sie Erfolg gehabt haben.

Alle ziehen an einem Strang

Jeder ist aus einem anderen Grund dabei. Jeder hat sein eigenes Interesse mitzumachen. Werden diese unterschiedlichen Interessen nicht am Anfang benannt und dann eine Lösung gefunden, wird jeder sein eigenes Süppchen kochen.

Gute Planung erhält die Motivation

Häufig scheitern die besten Ideen daran, dass den Aktiven die Luft ausgeht. Irgendwann verliert auch der engagierteste Mensch die Lust, sich weiter an einem Thema abzuarbeiten. Eine gute Planung hilft, dem entgegenzuwirken: „Wo stehen wir gerade?" „Was haben wir bislang erreicht und was liegt noch vor uns?" Wenn bekannt ist, wo man sich gerade befindet, ist der weitere Weg einfacher.

Machen Sie Ihren Mitstreitern die Notwendigkeit einer Strategie deutlich. Auch gegen Widerstände. Blinder Aktionismus führt zu nichts.

DIE RICHTIGE STRATEGIE

2. Was tun? – Acht Schritte, um erfolgreich eine Strategie zu entwickeln und durchzuführen

In der Literatur findet sich eine Unmenge von Vorschlägen, wie strukturierte Planung auszusehen hat. Die meisten sind für Wissenschaftler interessant, für die tägliche Praxis aber zu theoretisch und starr. Hier sollen Sie keine Patentrezepte erhalten, sondern ein paar nützliche Tipps und Tricks, Methoden und Hilfsmittel, wie Sie mit Ihrer Gruppe Ihre Lobbyarbeit vom Anfang bis zum Ende durchplanen können.

Die folgenden Planungsschritte können Sie für jedes Projekt anwenden. Der Begriff Projekt umfasst in diesem Zusammenhang ein breites Spektrum: von einer einzelnen Aktion, der Gestaltung einer Infobroschüre bis zu der Ausrichtung der gesamten Gruppe oder sogar der Gründung einer Initiative. Je nachdem, was Sie gerade tun möchten: in der Praxis hat sich ein Vorgehen nach diesen Planungsschritten bewährt.

Vieles von dem, was Sie hier finden, werden Sie in der Praxis schon verwenden. Sie werden vieles richtig machen, ohne es überhaupt zu wissen. Genießen Sie das Gefühl! Nutzen Sie die Teile, die Ihnen weiterhelfen können.

Denken Sie auch daran, dass es sich um ein schematisches Modell handelt. In der Praxis werden einige Phasen parallel laufen, oder die Reihenfolge kann wechseln. Sie werden auch immer wieder einen Schritt wiederholen müssen, da die Realität partout nicht in Ihr Modell passen will. Planung ist ein Prozess in der Entwicklung. Machen Sie also nicht den Fehler und versuchen Sie, auf Biegen und Brechen diesen Ablauf durchzuhalten. Ein bisschen Struktur tut immer gut, zu viel hemmt die Kreativität. Bleiben Sie flexibel.

Acht Schritte zum Erfolg

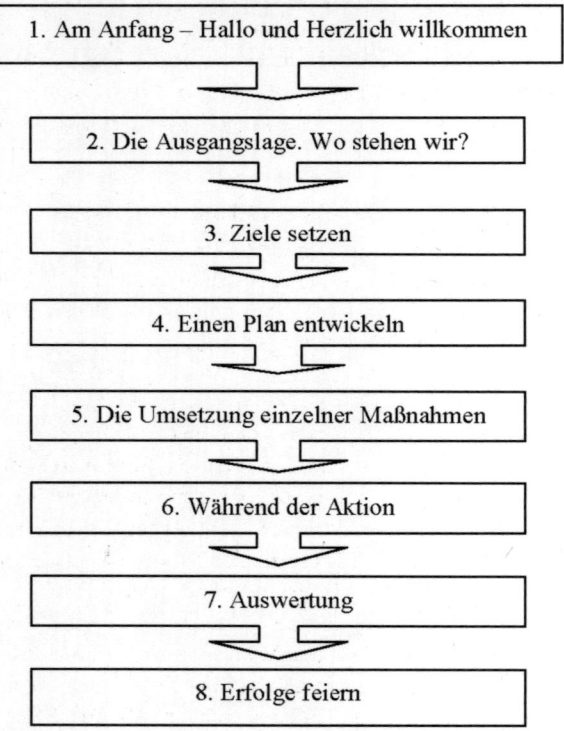

1. Am Anfang – Hallo und Herzlich willkommen

2. Die Ausgangslage. Wo stehen wir?

3. Ziele setzen

4. Einen Plan entwickeln

5. Die Umsetzung einzelner Maßnahmen

6. Während der Aktion

7. Auswertung

8. Erfolge feiern

Bei vielen Projekten steht das Ziel ganz am Anfang. Schließlich finden sich Gruppen in der Regel erst anhand eines gemeinsamen Zieles zusammen. Dies ist kein Widerspruch zum obigen Ablaufplan. Das Ziel muss noch konkretisiert und in realistische Unterziele eingeteilt werden. Mehr finden Sie im dazugehörigen Abschnitt.

DIE RICHTIGE STRATEGIE

2.1 Am Anfang: Das Auftakttreffen

Die folgenden Punkte sind insbesondere dann wichtig, wenn Ihre Gruppe noch in der Gründungsphase ist. Sie finden hier aber auch Tipps, wie Sie ihre Treffen strukturieren oder wie Sie Neumitglieder willkommen heißen können. Wenn Ihre Gruppe schon besteht, nutzen Sie die Anregungen und versuchen Sie diese in ihre Treffen einzubauen.

Schaffen Sie ein angenehmes Klima

Eine angenehme Atmosphäre ist die Grundlage jedes Treffens.Niemand fühlt sich von einem Raum angesprochen, der das Flair einer Turnhalle besitzt. In vielen Städten gibt es öffentliche Räume, die Sie nutzen können. Oder fragen Sie andere Vereine oder Initiativen, ob Sie deren Räume nutzen können. In Kneipen kann es auch das Hinterzimmer sein. Finden Sie einen Raum, der die richtige Größe besitzt und einen angenehmen Aufenthalt ermöglicht.

Ordnen Sie die Stühle so an, dass sich die Personen in die Augen schauen können. Wenn möglich, benutzen Sie auch Tische. Nicht nur, damit Unterlagen einen Platz finden. Menschen fühlen sich auch sicherer, wenn sie einen Schutz vor sich haben. Stellen Sie die Tische und Stühle so auf, dass die Runde nicht zu groß wird.

Sorgen Sie für ein angenehmes Miteinander: Getränke wie Selter, Tee und Kaffee sowie Kekse bzw. Kuchen sind immer willkommen. (Hierfür können Sie selbstverständlich einen Unkostenbeitrag erheben.) Begrüßen Sie jeden Neuankömmling persönlich. Das schafft Vertrauen. Wenn Ihre Gruppe sich schon gefunden hat, wer backt für das nächste Mal Kuchen? Wer kann Getränke besorgen? Es gibt viele Möglichkeiten, sich das Leben so angenehm wie möglich zu machen. Spannen Sie Ihre Gruppe für dieses Ziel ein.

Allgemeines Ziel des Treffens: Warum sind wir hier?

Begrüßen Sie die Anwesenden, nennen Sie das Ziel der Gruppe. Fassen Sie sich kurz. Es reicht, in allgemeiner Form zu beschreiben, warum dieses Treffen stattfindet. Zu einem späteren Zeitpunkt haben die Teilnehmer die Gelegenheit, das Ziel bzw. die Aufgabe der Gruppe zu diskutieren. Verhindern Sie, dass die Diskussion schon jetzt stattfindet.

Denken Sie daran, dass Sie selbst genaue Vorstellungen von dem Ziel Ihres Treffens haben. Andere Teilenehmer können andere Pläne haben oder wollen sich einfach „überraschen" lassen.

Versuchen Sie in der Begrüßung, Gemeinsamkeiten zu schaffen. „Alle die wir hier sitzen, haben einen langen Weg hinter uns ..." oder „Wir sind alle hier, weil uns die Situation in xy stört." Sie erreichen damit ein Gemeinschaftsgefühl in der Gruppe, welches gerade am Anfang nicht zu unterschätzen ist.

Die Kennenlernrunde

Erleichtern sie jedem den Einstieg. Fangen Sie mit einer Kennenlernrunde an. „Wer ist wer?", „Warum ist jeder Einzelne hier?", „Was erwarte ich von dieser Arbeit?". Mit diesen drei Fragen kann jeder sich erst mal vorstellen.

Arbeitshilfe Kennenlernrunde

Die Fragen können Sie reihum beantworten lassen. Spielerischer ist die Methode, einen Ball herumzuwerfen und jeder, der ihn auffängt, muss die Fragen beantworten (hängt von ihrer Gruppe ab, nicht jeder ist davon begeistert). Eine weitere Möglichkeit ist mit mehr Bewegung verbunden: Alle bewegen sich frei im Raum und müssen mit jedem anderen mindestens einmal Kontakt aufnehmen. Die Dauer der Kontakte ist auf eine Minute begrenzt (Stoppuhr), dann muss ein neuer Partner gefunden werden. Die Fragen können wieder als Grundlage genutzt werden. Diese Form ist besonders für größere Gruppen geeignet.

Fragen Sie nach der Kennenlernrunde, ob jemand noch etwas sagen möchte. Wenn Sie sich für eine spielerische Variante entschieden haben, fragen Sie die Teilnehmer, wie sie diese Art der Vorstellung gefunden haben. Auch wenn Vorbehalte existierten, werden in der Regel die Teilnehmer hinterher sehr zufrieden sein. Die Methoden funktionieren einfach.

Vermeiden Sie allgemeine Fragen an die Gruppe. Schauen Sie beim Sprechen jemanden direkt an. Dann warten Sie auf weitere Antworten. Zählen Sie im Kopf langsam drei Sekunden ab. Für Sie wird das eine Menge Zeit sein, für jemanden, der sich erst mal sortieren muss, ist diese Zeitspanne schnell vorüber.

Der Ablaufplan

Stellen Sie jetzt den Ablauf des Treffens dar. Was passiert heute? Ein Beispiel für einen Ablaufplan kann wie folgt aussehen. Nicht von ungefähr wird diese Struktur auch in diesem Kapitel verwendet.

– Willkommen
– Ziel des Treffens
– Kennenlernrunde – wer ist wer?
– Dauer des Treffens
– Was ist bislang gelaufen?
– Wer hat sich mit dem Thema schon beschäftigt?
– Wünsche und Vorstellungen – was wollen wir erreichen?
– Weitere Schritte – wie wollen wir vorgehen?
– Termin für das nächste Treffen

Legen Sie den Ablaufplan schriftlich vor. Sie können ihn verteilen oder mithilfe eines großen Stück Papiers (Flipchart) an die Wand heften. Es hilft den Teilnehmern abzuschätzen, wie lange das Treffen dauern wird und wann sie ihre Anliegen einbringen können. Ihnen wird es helfen, wichtige Punkte nicht zu vergessen. Stellen Sie den Ablaufplan dabei als Vorschlag vor, lassen Sie Platz für Änderungen. Probieren Sie auch ruhig einen anderen Ablauf aus, lassen Sie Punkte weg oder fügen Sie eigene Elemente hinzu. Wichtig ist nur, dass Sie einen Rahmen geben, auf den sich die Teilnehmer einstellen können.

Arbeitshilfe Flipchart

Als Flipchart werden DIN-A3-Blätter bezeichnet, die als Block auf einen Ständer platziert werden. Während einer Sitzung können auf diesen großen (Telefon-)Block Stichpunkte festgehalten werden. Diskussionen können damit strukturiert werden. Oder es kann zum Beispiel ein Ablaufplan darauf präsentiert werden.

Dauer der Veranstaltung

Fragen Sie die Teilnehmer, wie viel Zeit sie mitgebracht haben. Normalerweise ist jeder bereit, ca. eineinhalb bis zwei Stunden auf einem Treffen zu verbringen. Danach lässt bei vielen die Konzentration nach. Wenn Ihr Treffen länger dauert, planen Sie nach eineinhalb Stunden eine Pause ein. Fragen Sie zu Beginn der Pause aber unbedingt nach, wer danach noch anwesend sein wird. In der Regel „verschwinden" einige Personen in der Pause. Denken Sie daran, dass die Teilnehmer freiwillig anwesend sind. Seien Sie also nicht beleidigt, wenn Personen früher gehen möchten. Wer früher das Treffen verlassen muss, ist beim nächsten Mal trotzdem willkommen.

Bisherige Aktivitäten

Falls Ihre Gruppe in Teilen schon existiert: Stellen Sie Ihre Gruppe, die Arbeitsweise und bisherige Aktivitäten vor. Im Grunde geht es darum, den Teilnehmern zu vermitteln, worauf sie sich eingelassen haben. Jemand, der lieber Action haben möchte, ist in einem Diskussionskreis sicherlich falsch. Diesen Punkt im Ablaufplan müssen Sie nicht bei jedem Neumitglied wiederholen. Die Grundlagen können Sie auch in einer kurzen persönlichen Begrüßung erläutern.

Lassen Sie Platz für Fragen. Viele Fragen von „Fachfremden" liefern Ihnen gute Tipps für die tägliche Arbeit.

Vorhandene Kenntnisse

Fragen Sie die Teilnehmer, wer schon einmal in ihrem Themengebiet aktiv war. Welche Kenntnisse sind in der Gruppe vorhanden, die für die Arbeit genutzt werden können? Auf welche Ressourcen können Sie zurückgreifen (Zeit, Geld, Personen)? Sie erhalten so einen Überblick, was Ihnen zur Verfügung steht, und die Teilnehmer können sich mit ihren Kenntnissen einbringen. Dieser Punkt ist sehr wichtig. Kaum jemand möchte sich mit seinen Kenntnissen in den Vordergrund spielen. Bauen Sie hier eine Brücke. Wer beruflich viel mit Organisation zu tun hat, ist sicherlich geeignet, Veranstaltungen zu leiten. Jemand von der örtlichen Zeitung wird gerne die Pressearbeit übernehmen etc.

Wünsche

Anschließend können Sie den Teilnehmern Raum für Wünsche und Vorstellungen bieten. Fragen Sie in die Runde, welche Erwartungen die Anwesenden an die Arbeit haben. Was wollen Sie mit der Arbeit erreichen? Wie soll die Arbeit aussehen? Diese

Fragen sollten Sie bewusst allgemein formulieren. Jeder Teilnehmer ist aufgefordert, seine Ideen und Vorstellungen in die Gruppe einzubringen.

Dies ist sozusagen der freie Teil des Treffens. Viele wollen ihre Sichtweise, ihren Frust, und auch ihre Ideen loswerden. Lassen Sie viel Raum für den freien Austausch. Dieser Punkt ist für die Teilnehmer der wichtigste in ihrem Treffen.

Setzen Sie nach einiger Zeit einen Schlusspunkt. „Angesichts der Zeit sollten wir hier einen Einschnitt machen ..." Sortieren Sie gemeinsam mit der Gruppe die Diskussionspunkte. Sie brauchen in dieser Phase noch keine Ergebnisse formulieren, das geschieht erst in den nächsten Sitzungen. Auch die Teilnehmer brauchen Zeit, die Beiträge und die Wünsche der anderen zu verarbeiten.

Arbeitshilfe: Die Kartenabfrage

Sammeln Sie Stichworte, damit Diskussionen nicht ausufern und Ergebnisse festgehalten werden. Eine gute Möglichkeit ist die Nutzung von Karten, die an die Wand gehängt werden können[3]. Die Karten sollten nicht zu klein sein, ein gutes Format ist Karteikartengröße. Nutzen Sie dicke Stifte wie Edding oder ähnliche, die Stichpunkte sollten auch aus ein paar Metern Entfernung lesbar sein. Sie können entweder selbst Stichworte aufschreiben (für jedes Stichwort eine Karte) oder die Teilnehmer auffordern, vorher herumgegebene Karten zu beschriften.

Die Karten können während der Diskussion an die Wand geheftet werden. Bitten Sie jemanden aus der Gruppe, diesen Part zu übernehmen. Die Karten können am Ende an der Wand sortiert werden, um nochmals die einzelnen Punkte zur Verfügung zu haben und abschließend Ergebnisse zusammenzufassen.

Eine Kartenabfrage ist für viele Teilnehmer eine neue Erfahrung. Die meisten Menschen belächeln zuerst diese Form der Strukturierung. Sie müssen am Anfang deutlichen machen, worauf es bei der Beschriftung ankommt und was der Sinn und Zweck der Karten ist. Sie werden selbst feststellen, am Ende sind plötzlich alle sehr zufrieden mit der Methode.

Wie weiter?

Machen Sie am Ende des Treffens konkrete Angebote für die Weiterarbeit. Am wichtigsten ist, gleich einen Termin für das nächste Treffen festzulegen. Gut ist auch, bis zum nächsten Mal Aufgaben zu verteilen. Das können Gedanken zur Vorbereitung der Arbeit sein, konkreter die Beschaffung von Informationen oder einfacher: das Backen eines Kuchens. Fragen Sie, wer bis zum nächsten Mal etwas machen möchte. Wenn konkrete Aufgaben anstehen, benennen Sie diese. Wenn sich für eine wichtige Aufgabe keiner findet, können Sie diese auch übernehmen. Aber achten Sie darauf, dass dies nicht zu Gewohnheit wird. Niemand erwartet von Ihnen, dass Sie alle Aufgaben übernehmen. Wenn Sie sich aber freiwillig diesen Schuh anziehen, wird Sie auch keiner daran hindern.

Wenn die Gruppe noch sehr unsicher ist, überfrachten Sie die Teilnehmer nicht mit Aufgaben. Sie bauen dann nur unnötig Druck auf. Zeigen Sie in diesem Fall nur allgemein die Punkte auf, an denen noch gearbeitet werden muss.

Checkliste: das Auftakttreffen

– *Ist der Raum angemessen?*

– *Stehen Getränke und evtl. Kekse bzw. Kuchen zur Verfügung?*

– *Ist das Ziel des Treffens klar?*

– *Kennen sich die Teilnehmer?*

– *Sind alle mit dem Ablauf des Treffens einverstanden?*

– *Wie sieht das Zeitbudget der Teilnehmer aus?*

– *Fanden schon Aktivitäten statt?*

– *Welche Kenntnisse besitzen die Teilnehmer?*

– *Konnten alle ihre Wünsche an die Gruppe darlegen?*

– *Ist ein nächstes Treffen geplant?*

2.2 Die Ausgangslage. Wo stehen wir?

Auch in Ihrer Arbeit müssen Sie zuerst eine gemeinsame Wissensbasis schaffen. Der Wissensstand der Teilnehmer sollte am Ende des Prozesses annähernd gleich sein, für einzelne Unterpunkte darf es aber auch „Experten" geben.

Informationen zu sammeln ist die eine Sache, mit diesen vernünftig umzugehen die andere. Durch endloses Daten- und Faktensammeln besteht die Gefahr, nicht mehr zur eigentlichen Arbeit zu kommen. Deshalb ist eine Struktur wichtig, in der Informationen verarbeitet und bewertet werden. Eine Möglichkeit bietet die Aufteilung in verschiedene Arten oder Ebenen von Informationen.

1. Die Sachebene – Hier suchen Sie Informationen zu Ihrem Themengebiet.
2. Die Akteursebene – Wer ist mit dem Thema in irgendeiner Form verbunden?
3. Die politische Ebene – Hier analysieren Sie das Umfeld, in dem Sie sich bewegen.

Diese Unterscheidung mag sich relativ wissenschaftlich anhören. Sie werden bestimmt auch auf die Frage treffen, warum die ganze Mühe? Ihre Antwort muss lauten: „Was wir jetzt an Wissen sammeln, können wir in unsere weitere Planung einbeziehen. Es ist klug, sich vorher über die Rahmenbedingungen zu informieren und seine Arbeit und Ziele darauf anzupassen. Wenn später relevante Informationen auftauchen, müssen wir unser Konzept nicht mehr über den Haufen werfen. Eine Struktur hilft uns zudem, die Menge an Informationen einzuordnen und zu sortieren. Und die Zeit, die wie hier investieren, holen wir später doppelt und dreifach wieder rein."

Eine Bürgerinitiative forderte jahrelang eine Umgehungsstraße, um ihr Wohngebiet vom Straßenlärm zu entlasten. Die Umgehungsstrasse wurde gebaut. Leider musste sie aufgrund natürlicher Gegebenheiten relativ nah am Wohngebiet vorbeigeführt werden. Zudem entdeckten LKW-Fahrer eine Ausweichstrecke zur vielbelasteten Autobahn. Die Folge: Das Wohngebiet ist durch die Umgehungsstraße noch lauter geworden. Die Gruppe hatte sich vorher nicht genug über die Dimensionen der Strecke und mögliche Alternativen informiert.

1. Die Sachanalyse

Mit der Sachanalyse erschließen Sie sich ihr Themenfeld. Oder einfacher ausgedrückt: Sie sammeln erst einmal Wissen. Informationen sind in unserer heutigen Zeit das A und O guter Arbeit. Nicht umsonst spricht man vom Informationszeitalter. Das Gute daran: es war noch nie so einfach, an Informationen zu kommen. Suchen Sie zusammen mit Ihrer Gruppe, vielleicht gibt es schon Experten zu bestimmten Bereichen. Diskutieren Sie mit Ihrer Gruppe folgende Fragen:

– Wer weiß was?
– Wer kennt Informationsquellen zum Thema?
– Wer kann was recherchieren?
– Und das Wichtigste: Wie viel Zeit und Energie wollen wir in die Recherche stecken?

Besonders Letzteres sollten Sie gleich nach einem ersten Überblick in Ihrer Gruppe besprechen. Damit vermeiden Sie Sammelleidenschaft bei Ihren Mitstreitern. In der Regel werden die Anwesenden schon viel Wissen in die Sachanalyse einbringen können. Im Laufe der Arbeit werden Sie meist nur einige Lücken auffüllen müssen.

Informationsquellen:

– *Internet – hier findet sich alles. Nutzen Sie Suchmaschinen und sogenannte Online-Foren. Suchen Sie auch nach ähnlichen Gruppen.*
– *Verbände, Organisationen, Behörden etc. – Adressen finden Sie auch im Internet.*
– *Experten – laden Sie Experten ein. Wenn kein langer Anfahrtsweg besteht, sind diese in der Regel gerne bereit, ihr Wissen zu teilen.*
– *Freunde, Nachbarn etc. – nicht zu unterschätzen ist das Wissen der „Straße".*

Schwieriger als das Sammeln ist die Unterscheidung in wichtiges und unwichtiges Wissen. Auch die Bewertung der Informationen müssen Sie in der Gruppe vornehmen. Es gilt, die Diskussion über die Relevanz der verschiedenen Aspekte zu strukturieren. Hierzu gibt es verschiedene Möglichkeiten. Einfach ist das sogenannte

Mindmapping. Dabei geht es darum, von einem Ausgangspunkt aus Äste zu bilden, die sich immer weiter aufgliedern können.

Eine fertige Mindmap kann so aussehen:

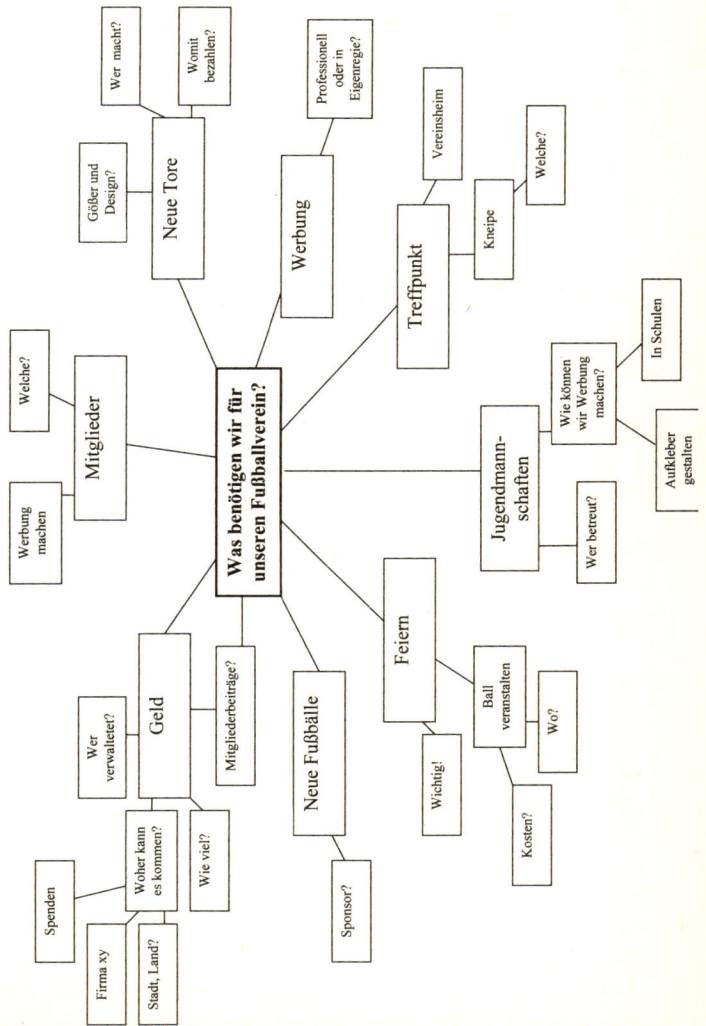

- Jeder Teilnehmer bekommt ca. zehn Karten, auf die er die wichtigsten Punkte zum Thema stichwortartig niederschreiben soll.
- In der Mitte eines großen Blattes oder direkt an die Wand setzen sie ihren Ausgangspunkt: ihr Problem, ihr Thema, o.Ä.
- Darum herum ordnet jeder seine Karten. Informationen oder Aussagen, die zusammengehören können auf einem Ast gruppiert werden.
- Die Äste können sich beliebig weiterverzweigen. Zu jedem Punkt werden Ihnen bestimmt weitere Unterpunkte einfallen, die wichtig sind.
- Sortieren Sie beliebig die Karten. Sie können Zwischenschritte einfügen, in denen die Gruppe die Äste neu ausrichten darf. Äste können auch zusammengeführt oder als unwichtig klassifiziert werden.
- Bei Bedarf können mehr Karten verteilt werden. Geben Sie jedem Teilnehmer aber erst mal nur zehn Karten. Damit konzentrieren sich alle nur auf die wichtigsten Punkte.

Der Vorteil dieses Systems ist, dass jeder sich mit seinen Punkten einbringen kann und trotzdem eine Struktur gewahrt wird. Zudem sind die Punkte für alle permanent sichtbar, so dass bereits angesprochene Punkte nicht mehr wiederholt werden müssen.

2. Die Analyse des Umfeldes

Hierbei stehen die Akteure im Vordergrund. Sie untersuchen in diesem Schritt, welche Personen für Ihre Arbeit relevant sein könnten. Wer ist mit dem Thema in irgendeiner Form verbunden? Wer sind die Gegner? Wo finden sich Verbündete?

Die wichtigsten Akteure sollten Sie dann genauer betrachten. Konzentrieren Sie sich auf den inneren Kreis. Je besser und detaillierter Sie Ihre Verbündeten und Gegner kennen, desto deutlicher werden die Ansatzpunkte, an denen Sie Ihr Handeln ausrichten können.

Überlegen Sie, welche Interessen einzelne Gruppen oder Personen haben. Sind Sie für Erhaltung des Status quo und wenn ja, warum? Welche Vorteile haben Sie, wenn alles beim Alten bleibt? Oder umgekehrt: welche Gruppen hätten einen Vorteil davon, wenn Dinge verändert werden? Über welche Mittel verfügen die Gruppen, was können diese in Bewegung setzen?

Ziel ist auch herauszufinden, welche Motive die einzelnen Akteure in eine bestimmte Richtung treiben. Kennt man die Motive, kann man an diesem Punkt ansetzen und Hebel in Bewegung setzen?

Arbeitshilfe: Brainstroming mit Kreismethode

Benennen Sie gemeinsam in der Gruppe die wichtigsten Akteure. Eine oder mehrere Personen schreibt die Namen auf Karten. Geben Sie Raum auch für abwegige Ideen. Später können diese immer noch wegfallen. Die Karten ordnen Sie im nächsten Schritt an der Wand kreisförmig an. In die Mitte kommen die wichtigsten Akteure, weiter nach außen nimmt die Relevanz zum Thema ab. An diesem Prozess muss die Gruppe aktiv beteiligt sein. Karten sollen die Position wechseln, wenn andere Personen wichtiger erscheinen.

Im letzten Schritt markieren Sie die Akteure in Unterstützer, Neutrale und Gegner. Sie wissen jetzt, an wen Sie sich wenden müssen (oder können) und wer Ihre wichtigsten Verbündeten sind.

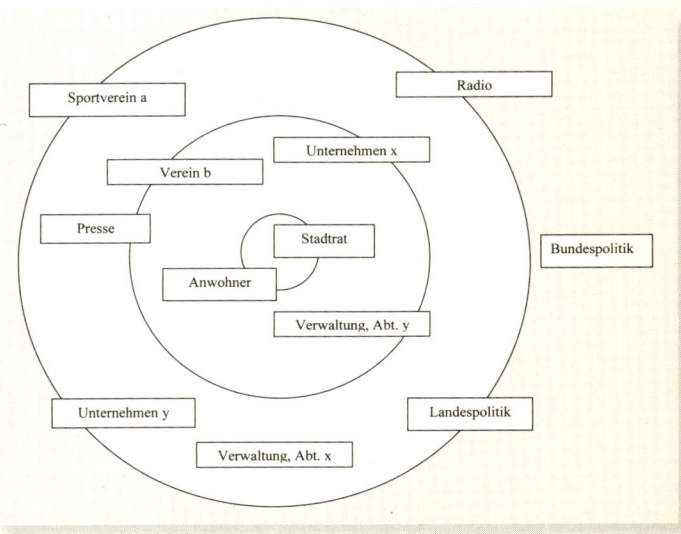

Eine Gruppe von Anwohnern blockierte die Abholzung der alten Alleebäume an einer Ausfallstraße. Die Fällung der Bäume wurde maßgeblich vorangetrieben von einem Politiker aus der Ratsfraktion. Dieser sprach sich vehement für die Abholzung aus, da so die Unfallzahlen an der Straße gesenkt werden könnten. Obwohl das Argument durch keine Zahlen belegt werden konnte und auch die

örtliche Polizei den Sinn der Maßnahme bezweifelte, blieb der Politiker bei seiner Meinung. Die Anwohnergruppe fand heraus, dass der Hintergrund des Politikers weniger die Sicherheit war, als vielmehr der angestrebte Ausbau der Straße. Die Gruppe konzentrierte hierauf ihre Lobbyarbeit und machte diese Sichtweise publik. Auf einer Podiumsveranstaltung musste das Ratsmitglied sein Interesse zugeben. Angesichts des darauf folgenden Sturms der Entrüstung in der Bevölkerung wurde das Vorhaben aufgegeben. Die Bäume konnten erhalten werden.

3. Die politische Analyse

In welcher Phase des politischen Entscheidungsprozesses befindet sich Ihr Thema? Was können wir noch erreichen?

Der Sinn dieses Schrittes liegt darin, festzustellen, wie viel Sie erreichen können und was Sie dafür noch benötigen. Hat es wirklich noch Sinn, Informationen zusammenzutragen oder steht jetzt die Entscheidung an und neue Informationen sind nur noch schwer in den Prozess einzubringen? Wenn Sie wissen, wo Sie sich gerade befinden, ist es leichter sich auf das Wesentliche zu konzentrieren.

Die Politikwissenschaft benennt verschiedene Phasen, in denen eine politische Entscheidung vorbereitet und durchgeführt wird. Das Modell ist wie jede Theorie nicht eins zu eins auf die Praxis übertragbar, bietet aber einige Anhaltspunkte, um Ihr Handeln zu strukturieren. Man spricht dabei von Policy-Circle:

1. Thematisierung: In dieser Phase werden die Probleme formuliert. Grob vereinfacht ist das die Phase, die gerade in diesem Kapitel beschrieben wird: Was sind die Ursachen, welche Auswirkungen hat das Problem, welche Akteure und Hintergründe sind relevant?

2. Politikformulierung: In dieser Phase wird um die Lösung des Problems gerungen. Es werden Gesetzesvorschläge gemacht, Gutachten eingeholt, Anhörungen durchgeführt etc.

3. Entscheidung: Jetzt werden die verschiedenen Vorschläge überprüft und die Politik fällt eine Entscheidung. In der Regel steht am Ende dieser Phase ein Gesetz oder eine Verordnung.

4. Umsetzung: Ist die Entscheidung gefallen, steht die Umsetzung an. Viele Gesetze lassen Lücken oder sind unvollständig. Auch gibt es häufig Spielräume für die Adressaten des Gesetzes.

5. Evaluation: Funktioniert das Gesetz? War die Entscheidung richtig? Oder ist das Gesetz inzwischen veraltet und muss den Realitäten angepasst werden? Wenn festgestellt wird, dass das angestrebte Ziel nicht erreicht wurde, kann ein neuer Prozess starten.

Für Ihre Analyse müssen Sie festzustellen, in welcher Phase Sie sich befinden. (Mehr zu den Möglichkeiten der Einflussnahme finden Sie im Kapitel „Die Entscheider erreichen".)

1. Wird das Problem noch in der Öffentlichkeit diskutiert und liegen noch keine konkreten Vorschläge zur Lösung auf dem Tisch, sind Sie in Phase 1, der Thematisierung – Sie haben noch alle Möglichkeiten.

2. Werden Gesetzesvorhaben diskutiert, Gutachten eingeholt oder öffentliche Diskussionen über das Für und Wider einzelner Vorschläge organisiert, befinden Sie sich in Phase 2, der Politikformulierung – Sie müssen Ihre Sichtweise in den politischen Prozess einbringen.

3. Bietet die Politik Lösungen an, auf die sich einzelne Vertreter schon festgelegt haben, und werden im Rathaus, im Landtag etc. Gesetzesentwürfe diskutiert, ist die Phase 3, die Entscheidungsphase erreicht – Sie können jetzt nur noch einzelne Punkte korrigieren.

4. Ist das Gesetz verabschiedet und die Verwaltung führt jetzt Maßnahmen aus, sind Sie in Phase 4, der Umsetzung – Sie haben kaum noch Möglichkeiten einzugreifen.

5. Führt zunehmende Kritik zu einer Neubewertung der Situation, beginnt eine öffentliche Diskussion über den Sinn des Gesetzes. In den Medien wird das Problem wieder auftauchen. Jetzt sind Sie in Phase 5, der Evaluation – Sie müssen in der Öffentlichkeit eine neue Diskussion beginnen.

Die Anwohner eines Sportvereines gründeten eine Gruppe, um die Entstehung eines Tennisplatzes in ihrer Nachbarschaft zu verhindern. Der Bau wurde zu diesem Zeitpunkt schon vom Stadtparlament überprüft, die Vorsitzenden des zuständigen Ausschusses hatten sich schon für den Bau ausgesprochen. Die Gruppe versuchte zu diesem Zeitpunkt, neue Gutachten in die Entscheidung einzubringen. Allerdings hatten sich schon alle relevanten Politiker für den Bau ausgesprochen, so dass ein Rückzug nur schwer zu erklären gewesen wäre. Zwei Wochen später wurde die Baugenehmigung erteilt.

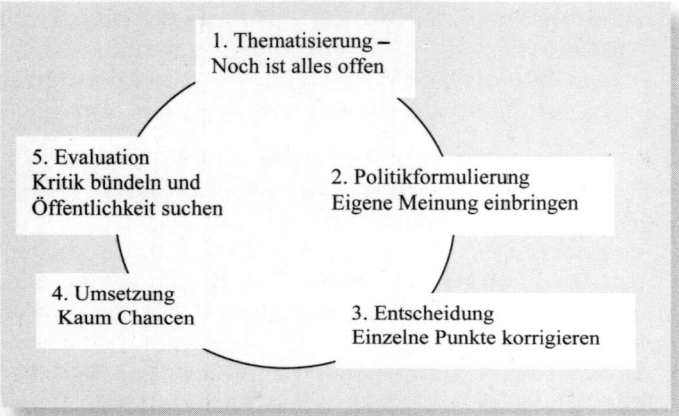

1. Thematisierung –
Noch ist alles offen

2. Politikformulierung
Eigene Meinung einbringen

3. Entscheidung
Einzelne Punkte korrigieren

4. Umsetzung
Kaum Chancen

5. Evaluation
Kritik bündeln und
Öffentlichkeit suchen

4. Zusammenführung und Bewertung der Ergebnisse

Nach der Sammlung der Informationen, der Analyse der Akteure und der Sichtung des politischen Prozesses haben Sie die Grundlagen zusammen. Jetzt gilt es, die Informationen zu bewerten.

Gehen Sie nochmals die einzelnen Punkte durch: Was folgt aus den einzelnen Erkenntnissen? Leider gibt es für die Bewertung der Informationen kein Zaubermittel. Hier ist Ihre Gruppe gefragt. Es zeigt sich glücklicherweise häufig, dass die Mitglieder sich in den vorherigen Phasen schon eine Reihe von Gedanken zur Bewertung zurechtgelegt haben. Sie werden erstaunt sein, wie leicht sich in dieser Phase Ideen entwickeln lassen.

Gestalten Sie diesen Punkt als freie Diskussion. Eine Struktur haben Sie anhand der Karten, die in den vorherigen Schritten erstellt worden sind. Ein paar Fragen können als Orientierung dienen. Schreiben Sie sie wenn möglich an die Wand:

– Was ist für den Erhalt bzw. die Lösung des Problems von Bedeutung?
– Wo bieten sich Ansatzpunkt zur Veränderung der Situation?
– Was wird mit dem Problem passieren, wenn das und das geschieht?
– Wo können wir mit unseren Mitteln ansetzen?

Halten Sie die Ergebnisse fest. Am einfachsten ist, jemand schreibt mit und fasst später die Diskussion noch mal zusammen. Versuchen Sie auch, das eigentliche Problem weiter aufzusplitten. Oft sieht man den Wald vor lauter Bäumen nicht. Am Anfang steht man vor einem großen Projekt, welches nie und nimmer zu schaffen ist. Teilt man das Problem in viele kleine auf, sind sie plötzlich lösbar.

Arbeitshilfe kreativ sein

Brainstorming: Jeder Gedanke zum Thema ist erlaubt. Alle Anwesenden sollen innerhalb von fünf Minuten (Kartei-)Karten mit ihren Einfällen stichwortartig beschriften. Die Karten werden an die Wand gehängt und sortiert. Mit diesen Einfällen wird dann weitergearbeitet. Diese Methode eignet sich besonders gut, wenn neue Ideen gesucht werden.

Es geht aber auch andersherum: Ein Problem oder eine Fragestellung wird ins Gegenteil gekehrt. Statt „Wie bekommen wir eine gute Resonanz auf unsere Veranstaltung", wird gefragt „Wie schaffen wir es, möglichst viele Menschen vom Besuch abzuhalten".

Machen Sie deutlich, dass es hier keine abschließende Bewertung geben kann. Da sich die Situation, in der Sie arbeiten, fortlaufend ändern wird, muss sich auch die Analyse anpassen. Einigen sie sich in dieser Phase eher auf einen groben Rahmen als auf zu viele Einzelheiten. Verweisen Sie auch darauf, dass die Planung der Strategie erst zu einem späteren Zeitpunkt erfolgen wird. Hier ist erst mal nur die „neutrale" Analyse gefragt. Die hier aufgeworfenen Fragen führen direkt zum nächsten Schritt in unserem Vorgehen: der Zielfindung.

2.3 Ziele setzen

Ein klares Ziel vor Augen zu haben, ist unbedingt notwendig für Ihre Arbeit und für die Ihrer Gruppe:

- Erst wenn einem der Sinn des eigenen Tuns klar ist, kann man seine Energien darauf konzentrieren. Wenn unklar bleibt, wozu das eigene Handeln führt, verlieren manche schnell die Motivation.
- Wenn nicht abgesprochen wurde, wohin die Arbeit führen wird, wird jeder sein „eigenes Süppchen kochen." Bei zehn Personen kann es zehn Meinungen, aber auch zehn Ziele geben.
- So unglaublich es klingt, aber viele Gruppen „vergessen" unterwegs, wohin sie eigentlich wollten. Am Ende arbeitet die Gruppe an ganz anderen Dingen als an denjenigen, die eigentlich wichtig wären.

Für Ihre Arbeit benötigen Sie konkrete Ziele in einem zeitlich festgesteckten Rahmen. Um diese zu erarbeiten, können Sie folgende Struktur nutzen. Zu unterscheiden sind dabei drei verschiedene Arten von Zielen. Diese bauen aufeinander auf:

1. Das oder die Oberziele, welches/welche Ihrer Gruppe Orientierung bietet/bieten.
2. Die allgemeinen Ziele, die beschreiben, wie sie Ihr Oberziel erreichen können.
3. Die konkreten Ziele, die einzelne Maßnahmen benennen.

Wichtig bei allen Zielen ist die Akzeptanz Ihrer Mitstreiter. Es nützt Ihnen wenig, wenn Sie gut formulierte Ziele vorweisen können, sich Ihre Mitstreiter aber neutral bis ablehnend verhalten. Gemeinsame Ziele dienen auch der Identifikation der Mitglieder mit ihrer Gruppe.

Sie werden (auch hier) auf Menschen treffen, die die Formulierung von gemeinsamen Zielen als unnütz und reine Zeitverschwendung ansehen. Erklären Sie schon im Vorfeld ihrer Gruppe den Sinn dieser Maßnahme. Geben Sie bei Bedarf Ihrer Gruppe den Raum, Sinn und Unsinn einer Zieldefinition zu klären. Es wird nur sehr wenige Fälle geben, in denen sich alle über das Ziel einig sind.

Achten Sie darauf, dass Ihre Ziele schriftlich festgehalten werden. Es mag im Einzelfall kleinkariert wirken, vermeidet aber spätere Diskussionen.

1. Ein Oberziel

Das Oberziel markiert die Richtschnur, an dem sich das Handeln der Gruppe orientiert. Das Oberziel kann allgemein gehalten sein. Dies ist wichtig, damit sich alle Mitglieder der Gruppe mit diesem Ziel identifizieren können. Jeder sollte sich in der Definition dieses Zieles wiederfinden können, nur dann wird es auch von allen unterstützt. Ein Oberziel ist für die gesamte Arbeit einer Gruppe wichtig. Es trägt zur Herstellung des Gemeinschaftsgefühls bei. Sie sollten auch für jedes einzelne Projekt ein Oberziel formulieren. Erst wenn sich alle über das Ziel einig sind, kann mit der Umsetzung begonnen werden.

In einer Wohngemeinschaft wäre ein vernünftiges Oberziel „Wir wollen eine saubere Wohnung." In den meisten WGs trifft dieses Ziel sicherlich auf allgemeine Zustimmung.

In der Wirtschaft spricht man auch vom Leitbild, welches die Firma, das Unternehmen repräsentieren soll. Für Ihre Arbeit reicht es, ein Ziel zu haben, welches die Richtung anzeigt, in die die Arbeit gehen soll. Die Eingangsfrage könnte lauten: „Was wollen wir erreichen?" (Eine Anleitung, wie Ziele aussehen müssen, bietet die SMART Regel, die weiter unten vorgestellt wird.)

Arbeitshilfe: Zusammenführung von Zielen

Zu Beginn schreibt jeder auf ein Stück Papier seine drei Hauptziele. Im nächsten Schritt setzen sich jeweils zwei Personen zusammen und vergleichen ihre Ergebnisse. Aus den insgesamt sechs Vorschlägen sollen drei herausgearbeitet werden. Die zwei Personen setzen sich mit ihren drei zusammengeführten Vorschlägen mit einer anderen Zwei-Personen-Gruppe zusammen und wiederholen das Spiel. Dieses System läuft so lange, bis nur noch zwei Gruppen übrig bleiben. Deren Vorschläge werden dann gemeinsam diskutiert und wenn möglich auf ein Ziel reduziert. Das Gute daran: es passiert eigentlich immer, dass die letzten Vorschläge der beiden Gruppen fast identisch sind. Wenn nicht, muss noch weiter nach einem Oberziel gesucht werden. Dies kann dann in der gesamten Gruppe geschehen, oder das Verfahren beginnt mit einer neuen Eingangsfrage von vorn.

Der Vorteil dieses Verfahrens ist, dass alle an der Entstehung des Zieles mitgearbeitet haben. Zudem können sich die Mitglieder gleich kennenlernen. Der Nachteil ist, dass diese Methode viel Zeit in Anspruch nehmen kann. Machen Sie vorher deutlich, wie viel Zeit die Gruppen jeweils zur Verfügung haben, und planen Sie genug Zeitpuffer mit ein.

2. Allgemeine Ziele

Nachdem Sie das Oberziel formuliert haben, steht jetzt die erste Konkretisierung an. „Wie wollen Sie das Ziel erreichen?" Hier sind die verschiedenen Methoden gefragt, mit denen Sie Ihr Ziel erreichen können. Ist die Öffentlichkeit in Ihrem Fall ein wichtiger Faktor zur Erreichung des Oberziels? Dann sollte eines Ihrer allgemeinen Ziele lauten: „Wir müssen die Öffentlichkeit informieren". Ist der Zusammenhalt der Gruppe wichtig: „Wir vernetzten uns stärker." Soll die Politik einbezogen werden? „Wir erreichen alle relevanten Politiker" usw.

Im Fall der Wohngemeinschaft wären allgemeine Ziele: „Wir halten die Küche sauber", „Der Müll wird regelmäßig rausgebracht", „Wir feiern regelmäßige WG-Partys in der Wohnung."

Geben Sie Ihrer Gruppe Raum, Ideen zu entwickeln. Bewährt hat sich hier die offene Diskussion, die auf Karten festgehalten wird. In einem offenen Brainstorming-Prozess tauchen immer wieder die besten Ideen auf. Auch abwegige Ideen zulassen! Stellen Sie am Anfang sicher, dass jeder das eigentliche Haupt- oder Oberziel wieder vor Augen hat. Am besten Sie platzieren das Ziel wieder an einer Wand. Sie können aber auch wieder die Vorgehensweise wie bei der Definition der Oberziele verwenden. Das hängt auch von der Größe Ihrer Gruppe ab.

Vermeiden Sie in diesem Zusammenhang Wörter wie „wollen", „sollten" oder „müssen". Diese sind immer sehr unkonkret und lassen viel Spielraum, um später das Ziel nicht erreichen zu wollen. „Wir müssten mal wieder den Müll rausbringen."

3. Konkrete Ziele/einzelne Maßnahmen definieren

Aus den allgemeinen entwickeln Sie jetzt die konkreten Ziele. Diese beschreiben einzelnen Aktivitäten, die Sie zur Erreichung der allgemeinen Ziele (und damit auch des Oberziels) unternehmen müssen. Sie dienen auch als Grundlage für die folgenden Phasen der Strategiebildung, Maßnahmenplanung und -realisierung.

Wenn Sie vorher das Ziel „Wir wollen unser Thema öffentlich machen" hatten, steht jetzt das „Wie?" im Vordergrund. In unserem Beispiel wären mögliche Unterpunkte: „Gestaltung eines Flyers", „Veranstaltung einer öffentlichen Veranstaltung" etc.

Im obigen Beispiel unserer Wohngemeinschaft wären vernünftige Unterziele (je nach persönlichem Standard): Der Fußboden muss einmal im Monat gewischt werden. Der Herd muss einmal die Woche gesäubert werden etc.

Mit den konkreten Zielen kann eine Erfolgskontrolle stattfinden und es kann auch mal gefeiert werden. Die Gruppe benötigt diese Ziele, um einen Fortschritt in ihrer Arbeit zu erkennen. Dies ist die beste Motivation. Die konkreten Ziele dienen auch zur Überprüfung der allgemeinen: Verstehen alle das Gleiche unter einem bestimmten Ziel?

Auch in der Wohngemeinschaft wurde schnell deutlich, dass jeder sich etwas anderes unter einer sauberen Küche vorstellte. Für den einen bedeutete besenrein „Es passt ein Besen rein", für den anderen, dass man vom Fußboden essen kann. Die Formulierung von Unterzielen half schließlich, Kompromisse zu formulieren, mit denen jeder leben konnte.

Arbeitshilfe Konkretisierung

Nutzen Sie die Karten mit Ihren allgemeinen Zielen. Diese hängen Sie für alle gut sichtbar an die Wand. Jeder Teilnehmer soll dann konkrete Ziele formulieren, diese wieder auf Karten schreiben und anschließend unter die jeweiligen allgemeinen platzieren. Lassen Sie für diesen Schritt genug Zeit. Wenn Sie sehen, dass den Teilnehmern nichts mehr einfällt, eröffnen Sie die Diskussion. Jeweils ein Teilnehmer stellt die Karten für einen Unterpunkt vor. Viele Beiträge werden doppelt erscheinen, einige besser zu anderen Karten passen. Sortieren Sie mit der Gruppe die Karten und fassen Sie sie zusammen.

Wie müssen Ziele aussehen?

Eine einfache Regel besagt, Ziele haben S.M.A.R.T. zu sein. Diese Faustregel beinhaltet fünf Aspekte, die ein Ziel besitzen muss:

1. Spezifisch – Ziele müssen konkret sein
2. Messbar – Ziele müssen überprüfbar (Erfolg!) sein
3. Akzeptabel – Ziele müssen positiv formuliert sein
4. Realistisch – Ziele müssen erreichbar sein
5. Terminiert – Ziele müssen zeitlich befristet sein

1. Spezifisch

Vermeiden Sie allgemeine, abstrakte Ziele.

Ziele müssen konkret formuliert werden. Man muss etwas zum „Anfassen" haben. Das ist besonders wichtig, um eigene Fortschritte zu erkennen. Legen Sie die Ziele aber auch wieder nicht zu konkret fest. Planen Sie eine gewisse Bandbreite ein. Wenn Sie konkret angeben „Wir wollen auf der Veranstaltung jeden relevanten Politiker dabeihaben", sind Enttäuschungen vorgegeben.

Ein Ziel „Am 10.05.06 machen wir eine Veranstaltung am Ort xy mit yz, um dem Bürgermeister unser Problem vorzustellen", ist zu erreichen. Das Ziel „Wir müssten mal die Öffentlichkeit informieren" hilft dagegen wenig weiter.

2. Messbar

Definieren Sie im Vorfeld Prüfmerkmale, mit denen Sie später messen können, ob das Ziel auch erreicht wurde. Auch dies ist eine Methode, um später einen Erfolg feststellen zu können. Wenn Sie Unterschriften sammeln, ist es relativ einfach, ein Ziel zu definieren: „Wenn wir 1000 Unterschriften zusammenhaben, haben wir Erfolg." Formulieren Sie aber zusätzlich auch kleinere Unterziele: „Wir haben einen Teilerfolg erreicht, wenn wir an zehn Punkten Präsenz zeigen" oder „wenn wir drei Presseartikel über unsere Unterschriftenaktion bekommen." Sie sehen, wie wichtig die Formulierung kleinerer Ziele ist: Wenn nur 800 Unterschriften zusammenkommen, ist die Aktion fehlgeschlagen? Oder konnten alle Unterziele erreicht werden und 800 Unterschriften ist das Sahnehäubchen? Im Endeffekt geht es auch darum, die Sichtweise auf (kleine) Erfolge zu lenken, anstatt nur den einen (angeblich) großen Misserfolg zu sehen.

Stellen Sie Kriterien auf, die die Zielerreichung messbar machen. Könnte eine außenstehende Person Veränderungen wahrnehmen?

3. Akzeptabel

Die Ziele müssen positiv formuliert werden und attraktiv sein. Sie müssen den Drang verspüren, das Ziel zu erreichen.

Wichtig ist deshalb, seine Ziele nicht in der Verneinung zu definieren. „Wir wollen nicht ...", damit lockt man keinen Hund hinter dem Ofen hervor. Setzen Sie sich stattdessen ein positives Ziel: Das ist mehr als nur eine Formulierungsfrage. Mit einem positiven Ziel können sich Menschen leichter identifizieren. Es ist immer einfacher, sich „für" etwas einzusetzen als „gegen" etwas zu sein. Es hilft gleich am Anfang, eine positive Sichtweise zu etablieren. Sie wollen schließlich etwas verändern, nicht verhindern.

Überlegen Sie selbst, welches Ziel besser klingt:

„Wir wollen, dass behinderte Menschen nicht mehr diskriminiert werden" oder

„Wir wollen, dass behinderte Menschen eine faire Chance in unserer Gesellschaft haben".

4. Realistisch

Überlegen Sie vorher, ob das Ziel unter den gegebenen finanziellen, personellen und politischen Rahmenbedingungen verwirklicht werden kann. Das klingt eigentlich selbstverständlich, kann aber zu langen Diskussionen führen. „Wir werden die Müllkippe zwei Wochen lang blockieren, um auf die illegale Entsorgung hinzuweisen" ist ein ambitioniertes Ziel. Wenn die Gruppe jedoch nur aus zehn Personen besteht, wird es sicherlich schwer zu erreichen sein. Viele Gruppen haben hohe Ansprüche an sich selbst. Man will schließlich etwas verändern und halbe Sachen helfen einem nicht weiter. Hier müssen Sie gleich am Anfang deutlich machen, dass kleinere, realistischere Ziele den Weg markieren können. Aber: Wenn Sie immer auf realistischen Zielen bestehen, kann es schnell frustrierend werden. Hier ist Fingerspitzengefühl gefragt. Wenn Sie feststellen, dass das eigentliche Ziel nur sehr schwer zu erreichen ist, blocken Sie nicht ab. Versuchen Sie stattdessen, kleinere Unterziele zu formulieren, die erreichbar sind. Sie erhalten so die Motivation der Gruppe und geben gleichzeitig den nötigen Freiraum.

Achten Sie darauf, sich realistische Ziele zu setzen. Eine Gruppe engagierter Bürger wird schwerlich den Hunger in der gesamten Welt bekämpfen können.

5. Terminiert

Wann soll das Ziel erreicht sein? Ein festgelegter Zeitrahmen schafft eine Verbindlichkeit gegenüber dem Ziel und erleichtert es, bei Ihrer Zeitplanung zu bleiben. Jeder weiß so, was auf ihn zukommt, wann es eng wird und wann eventuell mehr Energie in das Projekt gesteckt werden muss. „Bis zum 31.08. müssen wir 100 Bürger überzeugt haben, sich gegen den Bau des Einkaufszentrums zu engagieren." Wenn das Ziel realistisch ist, hat die Gruppe ein festes Ziel vor Augen und (hoffentlich) im August ein Erfolgserlebnis. Planen Sie immer genug Zeitpuffer für die Realisierung Ihrer einzelnen Ziele ein. In der Regel dauert doch alles immer länger als gedacht.

Hier ein Beispiel einer gelungenen Zieldefinition:

Eine Anwohnerinitiative gründete sich, um ihren Stadtteil lebenswerter zu gestalten. Dieses Ziel wurde zuerst als Oberziel festgehalten, ohne es weiter zu konkretisieren. Nach der Analyse der Situation wurde festgestellt, dass zum einen der zunehmende Autoverkehr das Hauptärgernis darstellt, zum anderen ein Mangel an Grünflächen eine Erholung im Nahbereich unmöglich macht. Daraufhin wurden diese zwei Hauptziele von der Gruppe beschlossen. Wer wollte, kümmerte sich um die Reduzierung des Verkehrs, die andere Gruppe um die Einrichtung eines Parks auf einem unbebauten Grundstück.

Die Gruppe zur Reduzierung des Autoverkehrs traf sich daraufhin wieder, um sich mit der konkreten Analyse des Autoverkehrs und dessen Folgen zu beschäftigen. Es wurden dann verschiedene Ziele festgelegt. Ein Ziel erlangte Priorität: die Einführung einer Tempo-30-Zone. Das Ziel wurde formuliert als: „In diesem Jahr wollen wir aufgrund der Lärmbelästigung zu einer Tempo-30-Zone werden."

Das Ziel war:
- *Spezifisch: Wir möchten eine Tempo-30-Zone.*
  Es handelte sich um eine einzelne Maßnahme.
- *Messbar: Wenn das Tempo-30-Schild da ist, sehe ich meinen Erfolg. Einzelne Schritte hierzu wurden noch definiert.*
- *Ambitioniert: Es war positiv formuliert und wurde von allen Beteiligten getragen.*
- *Realistisch: Es war zu erreichen (wurde noch genauer überprüft).*
- *Terminiert: Es war in einem Jahr zu schaffen (auch dies wurde noch überprüft).*

Im Laufe der Arbeit stellte sich heraus, dass die Einrichtung der Zone innerhalb eines Jahres doch zu ambitioniert war. Trotzdem konnte die Gruppe zufrieden sein. Ein Unterziel war ein Testlauf in einigen Straßen. Dieser Testlauf konnte durchgesetzt werden und war ein Erfolg. Zudem konnten noch andere Ziele erreicht werden: 25 % der Anwohner unterschrieben eine Petition, ein Straßenfest wurde durchgeführt etc. Auch wenn des Hauptziel nicht erreicht wurde, war die Gruppe am Ende des Jahres zufrieden und feierte ihre Erfolge. Bei der Auftaktsitzung im nächsten Jahr waren alle wieder mit dabei.

Checkliste Ziele

Anhand der folgenden Fragen können Sie überprüfen, ob Ihr Ziel klar genug definiert ist:

- **S:** *Können die Ziele von Außenstehenden unterschiedlich gedeutet werden?*

- **M:** *Woran ist erkennbar, dass das Ziel erreicht worden ist?*

- **A:** *Ist das Ziel für alle Beteiligten akzeptabel und attraktiv?*

- **R:** *Reichen unsere Ressourcen?*

- **T:** *Ist es in dieser Zeit unter den Rahmenbedingungen realistisch?*

2.4 Einen Plan entwickeln

In den vorangegangenen Schritten wurden die Grundlagen gelegt. Sie haben sozusagen die Pflicht erledigt. Jetzt steht die Kür an. Machen Sie mit Ihrer Gruppe einen kleinen Einschnitt: Wiederholen Sie, was Sie schon erreicht haben: Sie haben sich gegenseitig kennengelernt und eine funktionierende Gruppe aufgebaut. Sie haben alle relevanten Informationen beisammen und auch schon analysiert. Und Sie haben sich auf Ziele verständigt, die Sie erreichen wollen. Das ist insgesamt eine ganze Menge. Genießen Sie den Augenblick mit Ihrer Gruppe.

Fragen Sie reihum, wie Ihre Mitstreiter bislang die Arbeit empfunden haben. Wie wurde die Vorgehensweise bewertet? Sind die Mitarbeiter zufrieden oder geht es vielen immer noch zu langsam? In der Regel werden Sie an diesem Punkt viel Zuspruch erhalten. Bei Kritik: Verweisen Sie darauf, dass jetzt der spannende Teil beginnt. Machen Sie noch mal den Sinn dieser Planungsschritte deutlich.

Arbeitshilfe: Zufriedenheit messen

Wenn Sie nach der Zufriedenheit fragen, geben Sie eine Skala von eins bis zehn vor. Eins bedeutet sehr unzufrieden, zehn sehr zufrieden. Jeder soll sich selbst eine Zahl geben, bei der er sich auf der Tabelle wiederfindet. Dieses System wird häufig in der Psychoanalyse verwendet. Es ist eine gute Methode, um einen Eindruck zu erhalten und Veränderungen zu registrieren. Zudem trauen sich die Menschen zu sagen, wenn sie unzufrieden sind.

Wenn dies bei vielen der Fall sein sollte: Denken Sie daran, es liegt nicht nur an Ihnen, wenn eine Sitzung nicht gut verlaufen ist. Ihre Mitstreiter sind als Teil der Gruppe für den Erfolg mit verantwortlich (deshalb auch immer wieder der gute Rat, Ihre Gruppe bei jedem Schritt mit einzubinden. Es befreit Sie auch von zu viel Verantwortung).

Egal wie der Durchschnitt der Bewertung ausfällt, fragen Sie nach, was beim nächsten Mal besser gemacht werden kann.

Wie bauen Sie jetzt eine gute Strategie auf? Im Endeffekt haben Sie alle Zutaten beisammen. Gehen Sie von Ihrem Ausgangspunkt aus. Sie wissen, wo sie stehen und was Sie an Ressourcen zur Verfügung haben. Auf der anderen Seite steht Ihr Oberziel. Sie wissen, was Sie erreichen wollen. Dazwischen haben Sie in der letzten Phase Ihre Unterziele formuliert. Mit diesen können Sie jetzt arbeiten.

Zeitplan

Einen Plan zu entwickeln bedeutet nichts anderes, als seine einzelnen Ziele in eine zeitliche Reihenfolge zu bringen. „Was werde ich wann machen?"

Machen Sie sich eine Zeitleiste, auf der sie Ihre konkreten Ziele (nehmen Sie wieder die Karten) platzieren. Die Länge der Zeitleiste ist von Ihrem Projekt anhängig. Ziel des Prozesses ist die Anordnung der Karten nach einer sinnvollen zeitlichen Reihenfolge. Welches Ziel baut auf welchem auf?

Soll erst der Fußboden gewischt werden oder ist der Abwasch dringender?

Setzen Sie in die Zeitliste auch Ereignisse ein, auf die Sie reagieren müssen bzw. die sie für die Erreichung Ihres Zieles nutzen können. Steht ein Stadtfest an, können Sie hier Ihr Ziel Infostand platzieren. Stehen Entscheidungen im politischen Prozess an, die Sie beeinflussen können?

Denken Sie auch daran, dass Sie auf unvorhergesehene Ereignisse treffen können. Auf diese müssen Sie reagieren können. Das kann im Einzelfall Wochen an Zeit und Ressourcen kosten. Passen Sie deshalb auf, dass Sie nicht zu viele Ziele anstreben. Konzentrieren Sie sich lieber auf einige wenige Ziele, als nachher in einem Wust von Aufgaben unterzugehen. Sie haben gute Anhaltspunkte über Zeitbedarf der einzelnen Ziele, wenn Sie die Maßnahmen überblicken können, die zur Erfüllung nötig sind (siehe nächster Schritt).

Jedes Projekt kann am Ende anders aussehen als vorher geplant. Dann müssen einzelne Arbeitsschritte angepasst werden. Sehen Sie die Reihenfolge deshalb nicht als unabänderlich an. Planung ist auch immer eine Anpassung an die Realitäten. Überprüfen Sie in regelmäßigen Abständen den Zeitplan und die Ziele. Vertauschen Sie, wenn nötig, die Reihenfolge oder fügen Sie neue Ziele ein.

Planen Sie großzügig. Viele Aufgaben erfordern mehr Zeit als vorher eingeplant. Und denken Sie an „Murphy's Law": Alles was schiefgehen kann, geht auch schief.

Auch diesen Arbeitsschritt sollten Sie wieder mit Ihrer Gruppe zusammen machen. Ein Mitglied der Gruppe kann die Ziele auf Karten schreiben. Je nach Größe der Gruppe können Sie dann gemeinsam die Stellung der Karten ordnen oder wieder einen Prozess analog dem Verfahren mit der Formulierung der Oberziele gestalten: Je zwei Personen einigen sich auf eine Rangfolge, dann vier und so weiter. Mit der Diskussion können wieder neue Ziele entstehen, diese müssen dann mit eingefügt werden. Bestehende Ziele können auch konkretisiert oder auch Ziele zusammengefasst werden, die eigentlich das gleiche Oberziel haben. Vielfach ist es notwendig, feste Termine für neuerliche Absprachen zu setzten. Seien Sie offen für Veränderungen.

Am Ende des Prozesses haben Sie eine Zeitleiste mit einer Reihe von konkreten Zielen, die zu einem bestimmten Zeitpunkt erfüllt werden sollen.

Nach dem Prozessschritt der Planung sah bei der Gruppe zur Reduzierung des Autoverkehrs der Zeitplan so aus:

Ausgangspunkt → zu viel Verkehr

Januar	
Gespräch mit Politikern	Gespräch mit Verwaltung
April	Postkartenaktion
Unterschriftenaktion	öffentliche Veranstaltung
August	Überreichung der Forderungen mit Presseaktion
Stadtfest Wochenendsperrung des Gebietes mit Flohmarkt	Einführung Versuchszone
Dezember	

Ziel → Einführung einer Tempo-30-Zone

Sie können jetzt aus dieser Zeitleiste einen Ablaufplan erstellen. Viele Aufgaben erfordern eine mehr oder weniger lange Vorbereitungszeit. Diesen Vorlauf müssen Sie in Ihrem Plan deutlich machen. Eine gute Übersicht bietet folgendes Beispiel. Es handelt sich um eine einfache Tabelle, die auch per Hand aufgezeichnet werden kann. In jedes Feld können jetzt noch die Namen der beteiligten Pesonen geschrieben werden.

Beispiel: Projektzeitplan

	Januar	Februar	März	April	Mai	Juni
Jahresplanung	■					
Analyse: was benötigen wir?	■					
Treffen Politik und Verwaltung	■	■	■			
Aktion x		■				
Aktion y				■		
Aktion z						■
Veranstaltung x					■	
Veranstaltung y		■				
Positionspapier schreiben		■	■	■		
Flyer x gestalten			■			
Flyer y gestalten						■
Vorbereitung Stadtfest				■		
Sponsorensuche		■	■			
Politische Entscheidung						■
Feier						■

Mit diesem Projektzeitplan können Sie jetzt arbeiten. Sie wissen, was wer wann zu tun hat und was Sie damit erreichen wollen. Kurz: Sie haben eine Strategie. So einfach ist das.

2.5 Die Umsetzung einzelner Maßnahmen

Ob die Gestaltung eines Flugblattes, die Organisation einer Veranstaltung oder auch nur ein Gespräch mit Politikern ansteht, wichtig ist die Vorbereitung. Folgende Fragen sollten für die Planung beantwortet werden: Was, Wer, Mit wem, Womit, Bis wann?

Halten Sie die Ergebnisse schriftlich fest.

Was?

Welche Aufgabe steht an? Ist die Aufgabe schon hinreichend konkret definiert? Oder gibt es noch Möglichkeiten, die Aufgabe in weitere Teilbereiche zu zerlegen? Diese Fragen sind notwendig, um die Größe der Aufgabe abzuschätzen und vor Überraschungen gefeit zu sein. Je genauer die Aufgaben im Vorfeld definiert wurden, desto leichter lässt sich die Arbeits- und Zeitintensivität überblicken.

Wer?

Wer macht was? Wer koordiniert die Arbeiten? Wer ist Ansprechpartner für Fragen und Probleme? Für jeden Arbeitsschritt müssen Verantwortlichkeiten festgelegt werden. Im Idealfall hat jede Person am Ende einen Bereich, für den sie die Verantwortung übernimmt. Nutzen Sie die Stärken Ihrer Mitstreiter. Wer selber Journalist ist, ist sicherlich der beste Ansprechpartner für die Presse und koordiniert die Arbeit nach außen. Machen Sie deutlich, dass jede Arbeit gleich wichtig ist, und nur wenn alle an einem Strang ziehen, kann ihr Projekt von Erfolg gekrönt sein.

Mit wem?

Wer arbeitet an einer Aufgabe mit? Nachdem es eine Person gibt, die für die Aufgabe verantwortlich ist, können sich jetzt Mitstreiter melden, die mithelfen. Sie können diese Frage auch nutzen, um Untergruppen zu bilden. Vielfach ist es nicht nötig, dass die ganze Gruppe sich mit den einzelnen Schritten zur Erfüllung einer Aufgabe beschäftigt.

Womit?

Was benötigen wir für diese Aufgabe? Welche Ressourcen müssen zur Verfügung stehen? Fehlt die Person, die den Kontakt zur Presse besitzt, sollte eine Pressekonferenz zu einem anderen

Termin stattfinden. Ist das Zeltdach schon bei einer anderen Aktion verplant, muss ein Stand anders als geplant aussehen. Definieren Sie, welche Materialien, Ressourcen und Geldmittel diese Aufgabe benötigt. Dies ist insbesondere dann wichtig, wenn viele Aufgaben parallel laufen sollen.

Bis wann?

Bis wann muss jede Aufgabe erledigt sein? Was muss vorher erledigt worden sein bzw. von welchen Ergebnissen ist eine Aufgabe abhängig?

Im letzten Schritt wird jetzt wieder ein Zeitplan erstellt. Ein fester Zeitpunkt ist insbesondere dann wichtig, wenn andere Aufgaben davon abhängen, dass diese abgeschlossen worden ist. Sie können hier wieder die Systematik der Zeitleiste aus dem vorangegangenen Schritt nutzen. Unterteilen Sie wenn nötig einzelne Aufgaben und setzen Sie für jeden Schritt Zeitpunkte fest, bis wann diese erledigt werden müssen. Im Endeffekt hängt es von den Aufgaben ab, wie genau Sie planen können und müssen.

Nicht zu viel und nicht zuwenig

Für alle Punkte gilt, dass Sie ein gesundes Mittelmaß finden müssen. Inwieweit Aufgaben ausdifferenziert werden, wie viele Menschen daran beteiligt oder wie konkret die Zeitpläne beschaffen sein müssen, muss die Gruppe entscheiden. Zu viele Vorgaben können hemmen, zu wenige zu unvorhergesehenen Problemen führen. Eine goldene Regel gibt es leider nicht. Aber lassen Sie sich nicht nervös machen. Am Ende klappt es doch irgendwie.

Beispiel Maßnahmenplanung

Aufgabe: Infostand				
Was?	Wer?	Mit wem?	Womit?	Bis wann?
Planung und Durchführung eines Infostandes in der Innenstadt	Claudia: Organisation, Koordination und Verpflegung	Tjure: Materialien und Aufbau Harry: Verwaltungsarbeit Elsbeth: Presse	Sachmittel: Zelt, Tisch, Flyer, Infobox, Banner Ressourcen: Pressemensch, Flyermacher, Handwerker	Planung bis zum 31.05. Materialien bis 15.06. Aufbau am 28.06. (Stadtfest)

2.6 Während der Maßnahme

Je nachdem, wie Ihre Maßnahme aussieht, stehen bei der eigentlichen Ausführung noch verschiedene Punkte an. Zumeist gilt es, den Spaß der Gruppe und die Lust am Mitmachen zu erhalten. Denken Sie daran, dass alle Beteiligten mehr oder weniger freiwillig mitarbeiten. Selbst wenn Personen ein Gehalt beziehen, gibt es genug Möglichkeiten sich aus der Verantwortung zu stehlen.

Bevor Sie anfangen, legen Sie vorher einen Ansprechpartner als Problemlöser fest. Die oberste Instanz bei Probleme ist immer die Gruppe, allerdings ist es sinnvoll einen „Schlichter" zu haben, der bei Unstimmigkeiten zwischen den verschiedenen Parteien vermitteln kann. Während der Maßnahme fehlen einfach die Zeit und die Ruhe, die Gruppe diskutieren zu lassen. Wenn dann die Nerven blank liegen, wird eine Person von außerhalb benötigt. Haben Sie auch immer einen Notfallplan in der Hinterhand. Denken Sie an Murphy's Law: Alles was schiefgehen kann, geht auch schief. Überlegen Sie sich auch vorher, wann es sinnvoll ist aufzuhören. Wenn jeder sich darauf einstellen kann, ist es nachher einfacher, die Notbremse zu ziehen.

Mehr zur Motivation Ihrer Mitstreiter finden Sie im Kapitel „Lobbyarbeit im eigenen Verband". Wenn Sie eine Aktion planen (Infostand, Veranstaltung etc.), finden Sie im Kapitel „Öffentlichkeitsarbeit Tipps und Tricks". Wenn Sie schriftliches Material vorbereiten (Flyer, Brochüren, etc.), finden Sie im Kapitel „Pressearbeit" weitere Anregungen.

2.7 Auswertung

Haben wir unser Ziel erreicht? Was war am Anfang geplant, was ist am Ende dabei herausgekommen? Wenn Sie gemäß der SMART-Regeln vorher Kriterien definiert haben, können Sie diese jetzt einfach überprüfen. Seien Sie aber auch offen für nicht so sichtbare Erfolgskriterien:

- Wie geht es den Mitwirkenden? Sind Sie mit der Aktion zufrieden?
  Hier können Sie wieder die Zufriedenheitsskala nutzen.
- Wie ist der Prozess angekommen? War die Erstellung einer Strategie mit Definition der Ziele und Unterziele sinnvoll?
  Nutzen Sie diese Frage, um noch mal die Struktur durchzudiskutieren. Sie werden Verbesserungsmöglichkeiten finden.
- Was haben wir an Ressourcen eingesetzt? War der Einsatz angemessen? Eventuell konnten sogar Ressourcen hinzugewonnen werden.
- Was haben wir gelernt? Konnte die Gruppe von der Maßnahme profitieren? Was kann beim nächsten Mal besser gemacht werden? Prüfen, ob es einfachere Möglichkeiten gibt, das angestrebte Ziel zu erreichen.
- Wie klappte die Zusammenarbeit? Gab es Probleme mit einzelnen Personen oder Gruppen? Diese Frage müssen Sie ansprechen. Es besteht sonst die Gefahr, dass Konflikte unterschwellig weiterschwelen, um beim nächsten Projekt umso stärker auszubrechen.
- Wie ist die Aktion bei unserer Umwelt angekommen? Was sagen Freunde und Bekannte? Mit dieser Frage haben Sie die Möglichkeit, sich ein neutrales Bild von außen zu holen. Bitten Sie alle Mitwirkenden, Freunde und Bekannte zu befragen. Die Antworten können Sie für Ihre Arbeit nutzen.

2.8 Erfolge feiern

Wenn Sie Ihre Ziele erreicht haben, feiern Sie!

II. Lobbyarbeit bei Funktionsträgern – die Entscheider erreichen

Das A und O der Lobbyarbeit ist die Ansprache der Entscheider. Vielfach werden darunter Politiker verstanden, sind sie es doch, die in unserer Gesellschaft in der Öffentlichkeit stehen. Vergessen wird dabei, dass keine Politik ohne die Verwaltung im Hintergrund funktionieren kann. Die Verwaltung bereitet die Gesetzentwürfe vor, liefert Wissen und bietet allgemein den Background, ohne den die Politik verloren wäre. Sind die Politiker diejenigen, die das Aushängeschild in der Öffentlichkeit darstellen, sind die Menschen in der Verwaltung die Bodentruppen, die die eigentliche Arbeit machen. Für Ihre Arbeit als Lobbyist ist es deshalb wichtig, beide Entscheidungsebenen anzusprechen.

1. Die Grundlagen

Um erfolgreiche Lobbyarbeit zu gestalten, muss man sein Gegenüber kennen. Viele Gruppen machen den Fehler, mit riesigem Aufwand eine Unmenge an Papier und Aktivitäten zu produzieren, ohne genau zu wissen, für wen der ganze Aufwand betrieben wird.

> *Lernen Sie Ihre Zielgruppe kennen – Sie wissen dann, mit welchen Mitteln Sie arbeiten müssen.*

2. Wer sind Verwaltung und Politik?

Es heißt immer „die Politik" oder „die Verwaltung". Dabei wird schnell vergessen, dass hinter diesen Begriffen Menschen stehen. Je nach Stellung und persönlichem Charakter besitzen sie mehr oder weniger Einfluss im Entscheidungsprozess. Und wie überall anders auch gibt es solche und solche Vertreter. Gehen Sie von der Annahme aus, dass Ihr Gegenüber Ihren Idealismus, Ihre Werte und Ihre Ansichten teilt. Jeder Mensch, der im öffentlichen Leben arbeitet, begreift sich selbst als Vertreter des Gemeinwohls. Dementsprechend ist er auch bemüht, das Beste für die Menschen in seinem Dorf, seinem Landkreis, seiner Stadt etc. zu erreichen. Wie das Beste aussehen kann, darüber gibt es verständlicherweise unterschiedliche Meinungen. Es gibt natürlich auch diejenigen, die in ihrem Beruf alt geworden sind, eine Menge schlechter Erfahrungen gemacht haben und generell frustriert sind. Lassen Sie sich nicht beirren, wenn Sie auf diese Menschen treffen. Als Kooperationspartner sind sie nicht zu gebrauchen, aber eventuell kann man sie als Informationsquelle nutzen. Leider trifft man bei der Arbeit als Lobbyist nicht nur auf angenehme Menschen.

3. Wie funktionieren Verwaltung und Politik?

Verwaltung und Politik sind in der Praxis immer weniger getrennt. Eher kann man von einem Ineinandergreifen verschiedener Räder sprechen. Die Politik ist auf eine kooperative Verwaltung angewiesen und umgekehrt. Wer macht was? Wo greift die Verwaltung ein? Die Beantwortung dieser Fragen füllt ganze Bücherregale. Es hängt vom jeweiligen Thema, der Ebene, auf der entschieden wird, und der Struktur der Verwaltung und Politik ab. Noch wichtiger als formelle Strukturen sind die einzelnen Akteure. Die Beziehungen zwischen den Akteuren und das Klima bei der Zusammenarbeit der Verwaltung mit der Politik sind häufig wichtiger als die offiziellen Abläufe.

Sie werden feststellen, dass Sie im Laufe Ihrer Arbeit die Strukturen und die Rolle einzelner Personen immer besser verstehen werden.

Einige Anhaltspunkte liefert wieder der Policy-Cycle aus dem vorherigen Kapitel. Diese Struktur kann auch hier verwendet werden, um die Zusammenarbeit zwischen Politik, Verwaltung und Öffentlichkeit deutlich zu machen. Und wieder der Hinweis: Es handelt sich nur um ein Schema, welches Ihnen einen Überblick verschaffen soll. In der Realität können die Details ganz anders aussehen.

1. Die erste Phase: Thematisierung. In dieser Phase werden die Probleme aufgezeigt. Die Rolle der Politik beschränkt sich hier noch auf die des Zuschauers. Eventuell gibt es einzelne Politiker, die das Problem benennen, diese spielen in der Regel aber keine große Rolle. Das Problem wird hauptsächlich in der Öffentlichkeit diskutiert, in den Medien tauchen Artikel und Beiträge dazu auf. Die Verwaltung spielt noch keine Rolle.

2. Die zweite Phase: Politikformulierung. In dieser Phase wird um die Lösung des Problems gerungen. Die Politik hat sich des Problems angenommen und in den verschiedenen Parteien werden Positionen formuliert. Einzelne Politiker nehmen sich der Sache aus Interesse oder auch aufgrund des Drucks der

Bevölkerung an. Die Politiker kämpfen in ihrer Partei und in der Gesellschaft für ihre verschiedenen Lösungsvorschläge. In der Öffentlichkeit werden Vorschläge diskutiert, wie verschiedene Lösungen aussehen können. Veranstaltungen und verschiedene Presseartikel informieren über die politischen Lösungsmöglichkeiten des Themas. Auch in der Verwaltung laufen die Vorbereitungen. Einzelne Arbeitsgruppen beschäftigen sich mit dem Thema und versuchen Informationen einzuholen. Die Grundstruktur wird von der Politik vorgegeben, die Einzelheiten der Ausgestaltung werden aber (mal mehr, mal weniger) von der Verwaltung vorbereitet. Die Verwaltung berät die Politik bei der Entscheidungsfindung.

3. Die dritte Phase: Entscheidung. In dieser Phase werden die verschiedenen Vorschläge überprüft und die Politik fällt eine Entscheidung. Hier schlägt die Stunde der Politiker. In öffentlichen Sitzungen (Gemeinde, Landtag etc.) werden die einzelnen Positionen bezogen und Entscheidungen getroffen. Die Verwaltung besitzt in dieser Phase nur eine beschränkte Möglichkeit der Einflussnahme. In der Regel können nur noch einzelne Punkte geändert werden, um einen Kompromiss zwischen den Parteien zu erleichtern. Auch die Öffentlichkeit besitzt nur noch eingeschränkte Einflussmöglichkeiten. Einzelne Regelungen können auf Druck von außen noch verändert oder neu eingefügt werden. Auf die Richtung der Lösung haben sich die entscheidenden Akteure aber schon festgelegt.

4. Die vierte Phase: Umsetzung. In dieser Phase werden die beschlossenen Gesetzte in geltendes Recht umgesetzt. Häufig geben die Gesetze nur noch einen Rahmen her, der durch weitere Schritte ausgestaltet werden muss. In dieser Phase ist die Politik außen vor. Die Ausgestaltung unterliegt der Verwaltung. Wie soll das Gesetz überwacht werden? Welche Behördenstruktur muss geschaffen werden, um das Gesetz umzusetzen? Dies kann schon im Gesetz geregelt sein, in vielen Fällen wird es von der Verwaltung entschieden.

5. Die fünfte Phase Evaluation: Funktioniert das Gesetz? Wenn das Ziel mit dem Gesetz nicht erreicht wurde, beginnt der Prozess wieder von vorn.

– Der Anstoß für ein Umdenken kann von vielen Seiten
   kommen. Die Öffentlichkeit macht Druck, Politiker sehen,
   dass es nicht funktioniert oder die Verwaltung hat
   Schwierigkeiten eine effektive Umsetzung zu erreichen.
   Hier können alle Akteure den Stein ins Rollen bringen.

Sie merken, dass in einigen Phasen eher die Politik am Ruder ist
und in anderen Phasen mehr die Verwaltung. Dies kann im Einzelfall
auch anders aussehen. Viel hängt vom Enthusiasmus einzelner engagierter Personen ab. Während Ihrer Arbeit müssen Sie mit diesen
Menschen zusammenarbeiten. Finden Sie die Schlüsselakteure und
etablieren Sie eine gute Kooperation. Dies ist mehr wert als alle
Schemata zusammen.

*Die Verwaltung: liefert die Grundlagen, berät die Politik, bereitet
Gesetze vor und setzt sie um.*
*Die Politik: gibt die wesentlichen Grundlinien vor. Entscheidet über
Lösungen.*
*Die Öffentlichkeit: setzt Themen auf die politische Agenda. Übt Druck
auf Politik und Verwaltung aus. Beeinflusst die Entscheidungen.*

4. Welche Interessen verfolgen die verschiedenen Ebenen?

Auch wenn Politik und Verwaltung häufig zusammen agieren, haben beide Seiten ihre eigenen Interessen. Für Ihre Arbeit ist es von Vorteil, diese zu kennen. Sie werden verstehen, wie und warum einzelne Akteure auf eine bestimmte Art handeln. Sie können auch besser abschätzen, wo Sie mit Ihrer Lobbyarbeit ansetzen können. Leider kann auch hier wieder nur ein allgemeines Bild gezeichnet werden. Im Einzelfall können ganz andere Interessen im Laufe der Zeit gewachsen sein. Häufig hängt es auch wieder von den einzelnen Personen ab, welche Werte die Organisation vertritt. Nehmen Sie die folgenden Beschreibungen deshalb als Grundannahmen. Wichtig ist, dass Sie bei Ihrer Arbeit ein offenes Auge für die dahinterliegenden Strukturen behalten.

Verwaltung

Nach dem Selbstverständnis der Verwaltung vertritt sie das Gemeinwohl. Sie organisiert die Abläufe des täglichen Geschäfts, ist überparteilich und neutral.

Wie jede Organisation hat auch die Verwaltung das Interesse sich mit ihren Vorschlägen durchzusetzten. Die Beziehung zur Politik ist einerseits von Kooperation geprägt, häufig aber auch von der Ansicht die besseren Lösungen zu vertreten. Durch ihre langjährige Kompetenz fühlt sie sich häufig darüber im Recht zu beurteilen, was sinnvoll und durchsetzbar ist. Im Gegensatz zur Politik, die Stimmungen der Öffentlichkeit ausgesetzt ist, kann die Verwaltung nach eigener Einschätzung frei von äußeren Einflüssen arbeiten. Oberster Dienstherr der Verwaltung ist die Politik. Die Verwaltung ist dazu angehalten, die Vorgaben der Politik auszufüllen. Hierbei besitzt sie aber einen mehr oder weniger breiten Spielraum. Die Verwaltung kann im Extremfall auch die Umsetzung von Gesetzen blockieren oder direkt gegen den Entwurf eines Gesetzes arbeiten.

Die Beziehung zum Bürger ist zwiespältig: Vor nicht allzu langer Zeit wurde der Bürger noch als Bittsteller empfangen. Der Bürger störte die Abläufe in der Verwaltung, neue Ideen von außen schafften mehr Arbeit, aber selten wirkliche Verbesserungen. Im Zuge der Verwaltungsreform hat sich in den letzten Jahren glücklicherweise viel verändert. Die originäre Aufgabe der Verwaltung, dem Bürger zu dienen und als Ansprechpartner zur Verfügung zu stehen, wurde wieder belebt. Es etablierte sich eine neue Sichtweise: Der Bürger als Kunde. Das führte unter anderem dazu, dass bei vielen Vorhaben die Bürgerbeteiligungsmöglichkeiten ausgebaut wurden und die Abläufe beim „Kundenkontakt" verbessert wurden. Leider ist diese Reform noch nicht in allen Verwaltungen und bei allen Personen angekommen.

Passangelegenheiten sind heutzutage keine Angelegenheit von Stunden mehr, sondern mit Glück innerhalb von zehn Minuten zu erledigen.

Auch in der Verwaltung gibt es unterschiedliche Hierachieebenen. Diese sind im täglichen Ablauf sehr wichtig. Die deutsche Verwaltung ist aufgrund der Erfahrungen aus der Zeit der nationalsozialistischen Gewaltherrschaft so aufgebaut, dass Willkür möglichst ausgeschlossen werden soll. Das führt zu einer formalisierten Vorgehensweise mit exakt definierten Ablauf- und Entscheidungsstrukturen. Diese müssen Sie für Ihre Arbeit kennen. Und letztendlich ist auch die Verwaltung kein homogenes Gebilde. Einzelne Abteilungen kämpfen auch mal gegeneinander um Einfluss und Bedeutung. So sind die Umweltabteilungen häufig personell unterbesetzt und in einer schwierigen Lage gegenüber anderen Ressorts wie der Finanzabteilung. Es hängt von einzelnen Personen ab, wie relevant die Stellung der Abteilung im politischen Prozess wird.

Politik

Auch die Politik fühlt sich als Verwalter des Gemeinwohls. Allerdings mit einem gravierenden Unterschied: Parteien vertreten die Interessen und Werte ihrer Wähler. Dies schlägt sich natürlich auch in der Gesetzgebung nieder. Es werden eher die Interessen der Wählerschichten berücksichtigt als das unkonkretere „Allgemeinwohl". Somit ist die Politik offen für Partikularinteressen: Interessen einzelner Verbände oder Organisationen bzw. Unternehmer. Gerade in der lokalen Politik können diese sehr ausgeprägt sein. Besonders in der

Lokalpolitik spielt die Parteipolitik keine große Rolle. Hier stehen eher einzelne Personen im Vordergrund, die relativ unabhängig von ihrer Partei agieren können.

Wer kennt das Beispiel nicht, dass der Pfarrer, der größte Unternehmer und der Bürgermeister abends in der Kneipe Politik machen?

Der einzelne Politiker kann ein großes Eigeninteresse an bestimmten Sachverhalten besitzen. Unterschätzen Sie nicht den Enthusiasmus, der Menschen bewegt, in der Politik zu arbeiten. Es bedeutet auch eine Belastung, sich in diesen Strukturen, häufig auch noch ehrenamtlich, zu engagieren. Für den Politiker ist noch ein Interesse von Bedeutung: die Wiederwahl (deshalb auch immer die vielen Aktivitäten vor den nächsten Wahlen). Für Sie hat es einen Vorteil, es bedeutet, dass die Politiker auf Sie als Multiplikator angewiesen sind. Planen Sie eine öffentliche Veranstaltung, wird jeder Politiker gerne die Gelegenheit nutzen, sich zu präsentieren. Und schließlich muss auch die Politik ihre Kämpfe mit der Verwaltung ausfechten. Wie oben beschrieben, kann die Verwaltung sehr viel Macht im Gesetzgebungsprozess erlangen. Hier hängt es wieder von den einzelnen Personen ab, wie die Zusammenarbeit funktioniert. „Politiker kommen und gehen, die Verwaltung bleibt bestehen."

5. Was tun?

5.1 Zehn Grundregeln der direkten Lobbyarbeit

Wen auch immer Sie „bearbeiten", einige Grundregeln sollten Sie beherzigen. Denken Sie daran, dass Sie es mit anderen Menschen zu tun haben. Die alte Regel „Was du nicht willst, was man dir tu, das füg auch niemand anderem zu" sollten Sie in Erwägung ziehen. Behandeln Sie Ihr Gegenüber mit Respekt. Sie werden ihn dann auch erhalten. Leider wird es Augenblicke geben, in denen Sie im wahrsten Sinne des Wortes gegen Wände rennen werden. Atmen Sie tief durch und lassen Sie Ihre Wut nicht an Personen aus (wenn doch, dann wenigstens an den richtigen).

1. Ich interessiere mich für meinen Kooperationspartner

Seien Sie neugierig auf die Person, die Ihnen gegenübersitzt. Denken Sie daran, es ist auch nur ein Mensch mit all seinen Fehlern und Schwächen. Und genau wie Sie hat diese Person das Bedürfnis als Mensch wahrgenommen zu werden und nicht als Subjekt Ihrer Lobbyarbeit. Finden Sie ein gesundes Mittelmaß zwischen menschlichen und fachlichen Anliegen. Gehen Sie erst mal davon aus, dass Ihr Gegenüber ein möglicher Kooperationspartner ist, kein Gegner. Finden Sie gemeinsam Wege, wie Ihre Sache vorangetrieben werden kann. Es ist wichtig, Ihren Ansprechpartner in eine Lösung mit einzubeziehen. Versuchen Sie dabei auch deutlich zu machen, wo eventuelle Vorteile für diese Person liegen könnten. Das ist keine Anleitung zu einem Bestechungsversuch. Vielmehr sollen Sie das Eigeninteresse der Person oder Institution im Blick behalten.

2. Ich weiß genau, was ich will

Vor jedem Kontakt muss Ihnen klar sein, was Sie erreichen wollen. Am besten Ihr Gesprächspartner hat etwas zum „Anfassen". In unserem Beispiel aus der Strategieplanung war es die Einführung einer Tempo-30-Zone. Wenn Sie nur allgemein eine Geschwindigkeitsbegrenzung fordern, kann Ihr Gegenüber wenig damit anfangen. Ein konkretes Ziel ist greifbarer. Dieses Ziel muss für Ihren

Gesprächspartner auch realistisch sein, das heißt erreichbar. Der Aufwand soll sich schließlich lohnen. Ziel kann auch das Treffen an sich sein: wenn Sie noch ganz am Anfang Ihrer Arbeit stehen und selbst noch kein konkretes Ziel haben. Kündigen Sie dann ihre Gespräche als Informationstreffen an. Ihr Gegenüber weiß dann, worum es geht. Nennen Sie wenigstens ein allgemeines Ziel, welches Sie erreichen wollen. Suchen Sie dann gemeinsam Wege es zu erreichen.

Überlegen Sie sich auch vorher, was Sie in jedem Gespräch erreichen wollen. „Welche Punkte sollen angesprochen werden?", „Was will ich von meinem Gegenüber?", „Was kann ich, realistisch betrachtet, erreichen?". Die Zeit, die Sie in diese Vorüberlegungen investieren, ist sehr wichtig. Ein nettes Gespräch ist zwar schön, Sie erreichen damit aber nichts.

Vor dem Kontakt:

- *Was wollen wir insgesamt erreichen?*
- *Was wollen wir von ihm/ihr?*
- *Ist er überhaupt zuständig und kann helfen?*
- *Wie soll die Kooperation mittel- und langfristig gesichert werden?*

3. Ich versuche zu überzeugen

Denken Sie daran, wen Sie lieber um sich haben: jemanden, der Sie mit der Moralkeule erschlagen will, oder jemanden, der Sie zu überzeugen versucht. Versuchen Sie Ihren Partner mit Sachargumenten zu überzeugen. Die richtigen Argumente müssen erst einmal widerlegt werden. Und wenn Sie gut gearbeitet haben, werden Ihre Gegner Probleme bekommen. An moralische Werte können Sie sicherlich appellieren, weit kommen werden Sie damit aber nicht. Zum einen wird automatisch ein Verteidigungsreflex ausgelöst, niemand will als schlechter Mensch dastehen. Zum anderen, und so traurig das klingt, halten moralische Werte unter „Sachzwängen" nicht lange.

Bleiben Sie fair, auch gegenüber Nichtanwesenden. Dass Sie Ihren Gesprächspartner nicht beschimpfen sollen, ist klar. Gegen einen sachlichen Disput und den Austausch von Argumenten hat niemand etwas einzuwenden. Aber hüten Sie sich, emotional zu werden. Hüten Sie sich auch davor, andere schlechtzureden. Zum einen tut man so etwas nicht, zum anderen wissen Sie nie genau, wie ihr Gegenüber zu dieser Person oder zu diesem Verein steht. Dass Sie niemanden versuchen zu bestechen, versteht sich von selbst.

4. Mein Partner steckt in ähnlich vielen Zwängen wie ich

Genau wie Sie steckt Ihr Gegenüber in Sachzwängen, die er nicht kontrollieren kann. Das können Vorgesetzte sein, andere Gruppen, Abstimmungsprobleme und was es sonst noch alles gibt. Auf diese Sachzwänge haben weder Sie noch Ihr Gegenüber Einfluss. Suchen Sie gemeinsam nach alternativen Wegen diese Sachzwänge zu umgehen. Sie müssen die richtigen Anstöße geben. Häufig ist es für Personen, die nicht in einem System stecken, sondern es von außen betrachten können, viel einfacher neue Wege zu entdecken. Überzeugen Sie Ihr Gegenüber, dass sich die Arbeit lohnt.

Seien Sie nicht enttäuscht, wenn die erste Reaktion Ablehnung sein sollte. Die meisten Menschen sehen zuerst die Steine, die im Weg liegen, nicht den Weg, der darum herumführt. Machen Sie die Vorteile deutlich, die Ihr Weg bedeutet.

5. Mein Partner hat genauso wenig Zeit wie ich

Verschwenden Sie nicht Ihre Zeit und die Ihres Gegenübers. Es ist ärgerlich, wenn man Zeit und Ressourcen in ein Treffen investiert, und dann wird nur herumgeredet. Denken Sie daran, dass auch Ihr Gegenüber bestimmt Besseres zu tun hat, als sich mit Ihnen zu treffen. Vor allen Dingen, wenn Sie sich noch unbekannt sind, ist es immer ein Vabanque-Spiel: Wie ist dieser Mensch? Hilft es mir weiter, mich mit ihm zu treffen? Schätzungsweise sind von zehn Treffen höchstens die Hälfte wirklich sinnvoll. Versuchen Sie gleich am Anfang, dem Treffen eine Struktur zu geben. Fragen Sie, wie lange das Treffen dauern soll. Machen Sie deutlich, worum es geht und bleiben Sie bei der Sache. Viele Menschen schweifen gerne vom Thema ab. Bedenken Sie auch, dass Ihre Chancen für das nächste Mal sinken werden, wenn Sie nichts Konkretes anzubieten haben. Niemand freut sich auf ein Wiedersehen, wenn das vorherige Treffen zu nichts führte. Der erste Eindruck entscheidet auch hier.

6. Ich arbeite kooperativ

Generell gilt: Eine kooperative Haltung zahlt sich aus. Suchen Sie mit Ihrem Gegenüber Gemeinsamkeiten. Wo besteht Übereinkunft über Ziele oder Werte? So können Sie auch schnell erfahren, ob Ihr Gesprächspartner Ihrer Sache positiv gegenübersteht. Wenn das Gegenteil der Fall sein sollte, bleiben Sie freundlich. Ihr Gegenüber darf eine andere Meinung als Sie vertreten. Suchen Sie trotzdem weiter nach möglichen Gemeinsamkeiten. Eventuell finden Sie Punkte, in denen Sie überzeugen können. Seien Sie auch offen für die Position Ihres Gesprächspartners. Sie haben damit die Gelegenheit einen tieferen Einblick in seine Denkstrukturen und Argumentationsmuster zu bekommen. Diese Erfahrung können Sie dann für Ihre eigene Arbeit nutzen.

Jemanden zu bekämpfen, ist anstrengend, zeit- und kraftraubend. Vor allem, wenn derjenige am längeren Hebel sitzt. Beschimpfen hilft niemandem.

7. Ich arbeite langfristig

Schnelle Erfolge sind bei der Lobbyarbeit nicht zu erwarten. Darüber müssen Sie sich gleich am Anfang klar sein. Wie auch politische Entscheidungen immer ihre Zeit brauchen, braucht auch die Lobbyarbeit einen langen Atem. Für Ihre Arbeit bedeutet dies, dass Sie zu den relevanten Personen eine Beziehung aufbauen müssen. Diese muss nicht auf der persönlichen Ebene funktionieren (wenn doch, umso besser), sie müssen sich aber als kompetenter Ansprechpartner präsentieren, mit dem man gerne ein zweites Gespräch führen möchte. Deshalb wird auch von einer Lobby-Beziehung gesprochen. Arbeiten Sie deshalb langfristig. Erst kontinuierliche Arbeit kann den Erfolg sichern. Versuchen Sie nicht alles beim ersten Treffen zu erreichen. Jedes Ding hat seine Zeit. Überlegen Sie vorher, was bei diesem Treffen wirklich wichtig ist, und was eher später besprochen werden kann. Auch hier also wieder der Hinweis, strategisch zu arbeiten.

Überprüfen Sie vorher die Möglichkeit der mittel- und langfristigen Einflussnahme auf politische Entscheidungen.

8. Ich arbeite nicht alleine

Arbeiten Sie nicht im luftleeren Raum. Suchen Sie sich Verbündete. Wie oben schon beschrieben, ist die Lobbyarbeit eine vielschichtige Angelegenheit. Sie können unmöglich überall aktiv sein, deshalb brauchen Sie Verbündete in der Politik und in der Verwaltung. Setzen Sie sich gerade am Anfang das Ziel, Gesprächspartner zu finden, die Ihrer Sache nahestehen. Mit diesen können Sie dann das weitere Vorgehen klären. Die wertvollsten Hilfen werden Sie von „Insidern" erhalten, also von Menschen, die sich nicht nur in der Thematik, sondern auch im Entscheidungsprozess auskennen. Nutzen Sie die Kenntnisse dieser Menschen. Wichtig ist die Zusammenarbeit mit anderen auch, damit Sie ein Feedback erhalten. Sonst schwimmt man schnell im eigenen Saft.

9. Ich vertrete meine Organisation

Will ich meine Organisation repräsentieren? Oder eher mein Anliegen vorbringen? Diese Fragen sollen deutlich machen, dass es bei Lobbykontakten nicht immer nur um die Sache an sich gehen muss. Gerade beim ersten Treffen kann es wichtiger sein, sich selbst und die Organisation, die man vertritt, vorzustellen. Hat Ihr Gesprächspartner schon einmal von Ihnen gehört? Weiß er über Sie und Ihre Arbeit Bescheid? Bedenken Sie, dass Sie eine Gruppe von drei Bürgern repräsentieren können, oder von hundert. Ihr Gesprächspartner weiß das nicht. Nutzen Sie das erste Treffen zum Kennenlernen und machen Sie dies am Anfang deutlich. Ihr Gegenüber wird das zu schätzen wissen. Streben Sie eine langfristige Arbeit an, können Sie es langsamer angehen lassen.

10. Ich agiere auf mehreren Ebenen

Ihre wichtigsten Ansprechpartner sind die Entscheider in Politik und Verwaltung. Für Sie bedeutet das, dass Sie beide Ebenen in Ihre Arbeit einbeziehen müssen. Bieten Sie Ihre Argumente beiden Parteien an. Stellen Sie sich folgende Situation vor:

Im Gesetzgebungsprozess setzen sich Politiker und Verwaltung zusammen, um das weitere Vorgehen abzustimmen. Beide haben von Ihnen die gleichen Argumente erhalten. In der Diskussion stellten beide Parteien fest, dass Sie zwar nicht immer derselben Meinung sind, die grundlegenden Argumentationsmuster aber gleich sind. Eine Einigung auf dieser Basis konnte schnell erreicht werden.

Wenn Sie es schaffen, beide Ebenen von Ihrer Meinung zu überzeugen, haben Sie es geschafft. Vernachlässigen Sie eine Partei, wird der Kompromiss zwischen den beiden nicht immer zu Ihren Gunsten ausfallen. Vergessen Sie auch nicht die Ansprache der Öffentlichkeit. Diese müssen Sie auf Ihre Seite ziehen, wenn Sie in Politik und Verwaltung etwas erreichen wollen. Sie müssen zeitgleich zu Ihrer Lobbyarbeit in der Gesetzgebung auch in der Öffentlichkeit aktiv sein.

Keine Panik

Diese Regeln sollten Sie für Ihre Kontakte beherzigen. Wenn Sie ein konkretes Ziel vor Augen haben, diese Regeln einhalten und eine interessante Persönlichkeit sind, steht einem positiven Gesprächsverlauf nichts mehr im Wege. Was Sie am Ende wirklich erreichen, hängt dann nicht mehr von Ihnen ab. Und glücklicherweise müssen Sie ja alles nicht sofort machen. Wie schon betont, ist Lobbyarbeit ein langfristiger Prozess. Und wenn der Erfolg sich einstellt, hat sich der Aufwand gelohnt.

Checkliste. Für Ihre Lobbygespräche gilt:

1. *Ich nehme mein Gegenüber als Menschen wahr*

2. *Mir ist bewusst, was ich erreichen will*

3. *Ich überzeuge mit meinen Argumenten*

4. *Ich weiß, dass mein Gegenüber nicht alles kann*

5. *Zeit ist ein kostbares Gut*

6. *Ich versuche eine gemeinsame Position zu finden*

7. *Kurzfristige Erfolge sind selten*

8. *Ich versuche Verbündete zu finden*

9. *Ich vertrete meine Organisation*

10. *Ich agiere auf mehreren Ebenen*

5.2 Wichtig: Der persönliche Kontakt

Lobbyarbeit besteht aus der Pflege persönlicher Kontakte. Sie müssen zu den relevanten Personen eine Beziehung aufbauen und sich selber als kompetenten Gesprächspartner präsentieren. Es reicht nicht, nur ab und zu ein Papier zuzusenden und darauf zu hoffen, dass die eigene Position übernommen wird.

Bauen Sie sich Ihre Kontakte auf. Informieren Sie Ihren Partner über aktuelle Entwicklungen. Liefern Sie kontinuierlich Informationen. Aber überfrachten Sie Ihre Gesprächspartner nicht mit unnützen Details. Laden Sie zum Beispiel Ihre Kontaktpersonen zu Ihren Treffen ein. Aber nur zu den wirklich wichtigen: Zu der Jahreshauptversammlung mit anschließendem gemütlichen Beisammensein dürfen Sie gerne einladen. Zu einem internen Gruppentreffen, in der die Auflage des Flugblattes diskutiert wird, lieber nicht. Persönlicher Kontakt heißt auch, einen telefonischen Anruf einer E-Mail oder einem Brief vorzuziehen. Mit einem Gespräch kann mehr Aufmerksamkeit erzielt werden als ein schriftliches Dokument erhält. Und wichtig: Man muss sich wenigstens einmal gesehen haben, um sich ein Bild vom Gegenüber machen zu können. Trotz Internetrevolution und E-Mail funktioniert die Zusammenarbeit nur, wenn man sich schon einmal „beschnuppern" konnte. Bieten Sie deshalb ein erstes Treffen an. Das kann in der Kneipe um die Ecke stattfinden oder im Büro der Person, je nach Präferenz. Da nichtprofessionelle Lobbyisten tagsüber ihre Brötchen verdienen müssen, bietet sich ein abendliches Treffen an. Fragen Sie nach einem Ort oder bieten Sie einen in der Nähe an.

Zu einer angenehmen Gesprächsatmosphäre gehört vor allem das eigene Verhalten. Versuche, das Gegenüber zu bestechen, unter Druck zu setzen oder es gar auf der persönlichen Ebene anzugreifen, schaden Ihrem Anliegen.

5.3 Wer ist für meine Arbeit wichtig?

Im Zentrum Ihrer Lobbyarbeit stehen die Entscheidungsträger. Haben Sie konkrete Personen im Blick, machen Sie sich eine Liste, wer relevant sein könnte. Zu ihnen zählen auch Multiplikatoren, d.h. informelle und formelle Meinungsführer in Verbänden oder auch Journalisten. Finden Sie die Schlüsselstellen. Suchen Sie nach Verbündeten, aber vor allem nach den entscheidenden Personen. Diese können ganz andere sein, als eigentlich im System vorgesehen. Leider bekommt man erst nach einiger Zeit einen tieferen Einblick. Schämen Sie sich nicht nachzufragen. Suchen Sie Ansprechpartner, die sich in den Entscheidungsprozeduren auskennen. Das können auch Menschen sein, die mit Ihrer Sache nichts zu tun haben.

Politik

In der Regel ist es schwierig bis unmöglich, an die oberste Hierarchieebene (z.B. den Bürgermeister) zu gelangen. Aber wichtige Entscheidungen werden sowieso auf den unteren Ebenen getroffen. Wichtig ist es, sich im Vorfeld zu informieren, wer sich mit dem Thema befasst und zu Entscheidungen beiträgt.

Finden Sie zudem die Landtags- und Bundestagsabgeordneten Ihrer Wahlkreise. Fast jede Partei hat einen Abgeordneten oder Kandidaten für Ihren Wahlkreis. Diese können Sie mit Informationen versorgen und eventuell auch sanften Druck auf die lokale Ebene ausüben.

Seien Sie offen für jedermann, unabhängig von der Parteizugehörigkeit. Es kann immer wieder vorkommen, dass der Politiker ein eigenes Interesse an Ihrem Thema besitzt, welches nicht im Parteibuch steht.

Kontaktieren Sie im Vorfeld die Mitarbeiter Ihrer Zielperson. Damit können Sie das Thema bereits vorher an die Person herantragen und finden eventuell Verbündete. Bei Landtags- oder Bundestagsabgeordneten ist ein guter Kontakt zu den Mitarbeitern teilweise wichtiger, als den Abgeordneten anzusprechen. Laden Sie ihn auch immer mit ein. Der Abgeordnete hat in der Regel wenig Zeit. Der Mitarbeiter sitzt enger am Thema dran. Nach einiger Zeit werden Sie merken, welche Personen die Entscheidungen fällen und welche sie eher nur mit Informationen versorgen können. Das Einfachste ist natürlich zwischen Regierungs- und Oppositionspartei zu unterscheiden. Doch in der täglichen Arbeit ist es manchmal gar nicht so einfach, die Entscheidungsstrukturen hinter den Rängen zu erkennen. Aber wenn man das System erst mal verstanden hat, ist alles viel einfacher. Es lohnt sich!

Verwaltung

In der Regel wird eine Abteilung der Verwaltung für Ihr Anliegen zuständig sein. Finden Sie die mit Ihrem Themengebiet beschäftigten Mitarbeiter. Je nach Größe der Abteilung können das eine oder mehrere Personen sein. Mit diesen müssen Sie eine langfristige Zusammenarbeit anstreben. Sie können so frühzeitig an wichtige Informationen gelangen und Einblicke in die Abläufe der Entscheidungsfindung erhalten. Wenn Sie auf Landtags- oder sogar Bundesebene aktiv werden wollen, finden Sie Ihre Ansprechpartner in den Ministerien. Auch hier müssen Sie wieder die Schlüsselstellen finden.

Konzentrieren Sie sich auf die wichtigsten Personen. Sie werden nicht die Zeit haben, alle fortwährend anzusprechen. Wenn Sie mit einigen eine gute Beziehung aufgebaut haben, werden Sie genug zu tun haben.

5.4 Wie finde ich meine Ansprechpartner?

Bevor Sie lange in Verwaltungsführern blättern oder im Internet suchen: Am einfachsten ist immer noch der Griff zum Telefon.

Politik

Auf der lokalen Ebene ist es am einfachsten. Rufen Sie direkt im Büro Ihres Bürgermeisters oder Ortsvorstehers an. Die Mitarbeiter können Ihnen sicherlich weiterhelfen. Vielleicht gibt es jemanden, der sich direkt mit ihrem Thema beschäftigt. Für die Lobbygespräche gelten wieder die oben genannten Regeln. Wichtig: Motivieren Sie das Eigeninteresse Ihres Gegenübers – wenn er oder sie sich mit dem Thema öffentlichkeitswirksam bei seinen Wählern präsentieren kann, wird Ihnen gerne weitergeholfen.

Die Bundes- und Landtagsabgeordneten finden Sie auf der Homepage des Bundestages bzw. auf den Landtagsseiten. Sie können auch direkt in den Parteizentralen auf Bundes- oder Landesebene anrufen. Diese sind in Berlin beziehungsweise in den Landeshauptstädten angesiedelt. Dort können Sie mit etwas Glück auch Personen finden, die an Ihrem Thema arbeiten. Jeder Bundestagsabgeordnete hat zudem sein Wahlkreisbüro. Dieses sollte Ihre erste Anlaufstelle für die Kontaktaufnahme sein. Nennen Sie Ihr Thema und fragen Sie nach Ansprechpartnern bzw. weiteren Informationen. Die Mitarbeiter sind in der Regel gerne bereit Ihnen weiterzuhelfen.

Im Landtag (bei Stadtstaaten im Stadtrat) und im Bundestag findet die politische Arbeit in Ausschüssen statt. Welcher Ausschuss behandelt Ihr Thema? Wenn Sie einen Sportverein repräsentieren, ist natürlich der Ausschuss für Sport Ihr wichtigster Kontakt. Den richtigen Ausschuss finden Sie wieder am leichtesten durch einen Anruf bei Ihren Landtagsabgeordneten. Diese haben Listen, in denen die Mitglieder mit deren Parteizugehörigkeit und Anschrift verzeichnet sind.

Nutzen Sie Ihre Kontakte. Ihr Abgeordneter wird, wenn das Thema attraktiv ist, zum Beispiel gerne auf Ihren Veranstaltungen erscheinen. Das wiederum garantiert Ihnen die Anwesenheit der Presse.

Verwaltung

Auch hier gilt wieder: Der Griff zum Telefon ist am einfachsten. In vielen Städten und Gemeinden gibt es das sogenannte Bürgertelefon, die zentrale Anlaufstelle für alle Fragen an die Verwaltung. Hier können Sie Ihren zuständigen Sachbearbeiter finden. Lassen Sie sich zu Ihrer Abteilung durchstellen. Haben Sie vorher Ihre Fragen parat. Meistens vergisst man das Wichtigste und muss später noch mal anrufen. Am Anfang können Sie sich Ihre Fragen beantworten lassen. Details sollten Sie in weiteren Gesprächen klären. Schreiben Sie sich den Namen des Mitarbeiters auf. Auf Landes- oder Bundesebene sind die zuständigen Ministerien Ihre Ansprechpartner. Jedes Ministerium ist in verschiedene Abteilungen mit verschiedenen Zuständigkeiten untergliedert. Auch hier können Sie einfach bei der Zentrale anrufen oder sich im Internet den Organisationsplan suchen.

5.5 Wie kann ich Interesse wecken?

Die wichtigste Regeln haben Sie schon weiter oben erhalten. Wenn Sie diese beachten, haben Sie schon die halbe Miete beisammen.

Was will mein Gegenüber?

Überlegen Sie sich vorher, was Ihr Ansprechpartner von Ihnen erwarten wird. Gerade wenn Sie längerfristig zusammenarbeiten wollen, müssen Sie auch etwas anbieten können. Ansonsten wird die Beantwortung Ihrer Anfragen immer länger dauern.

Schauen Sie sich noch mal den Absatz über die Eigeninteressen von Politkern und Verwaltung an, dann haben Sie eine Vorstellung, womit Sie Interesse wecken können. Für jeden Politiker ist es zum Beispiel wichtig, regelmäßig in der Öffentlichkeit in Erscheinung zu treten. Dabei können Sie ihm helfen. Der Beamte in der Verwaltung kann daran interessiert sein, mehr über die Sichtweise der Bevölkerung zu erhalten. Bieten Sie ihm diese an.

Ihr Ansprechpartner ist (meistens) nicht dumm. Wenn Sie Unwahrheiten verbreiten, fliegt das irgendwann auf. Danach wird Sie keiner mehr ernst nehmen.

Bieten Sie Informationen an

Liefern Sie Informationen: Keiner hat heutzutage mehr Zeit, sich in ein Thema einzuarbeiten. Stellen Sie Fachwissen und die richtigen Argumente zur Verfügung. Dass diese natürlich Ihrer Ansicht entsprechen, ist bekannt und akzeptiert. Ihr Gegenüber weiß, dass auch andere Meinungen existieren, es ist aber nicht Ihre Aufgabe, darauf hinzuweisen. Was Sie im Einzelnen anbieten, entscheiden Sie. Wenn Sie nur einfache Informationen erhalten wollen, müssen Sie natürlich nicht das ganze Register ziehen. Das ist auch wieder eine Frage der Zeitressourcen. Wenn Sie aber an einer längerfristigen Zusammenarbeit interessiert sind, sollten Sie mehr investieren.

Ein oberster Leitsatz Ihrer Arbeit könnte lauten: Nehmen Sie den Menschen ihre Arbeit ab.

Fallen Sie auf

Jeder Politiker und Beamte mit Kontakt zur Öffentlichkeit hat eine Unmenge an Anfragen, Gesprächsterminen und sonstigen Wünschen auf dem Tisch. Sie müssen auffallen, um nicht in diesem Haufen unterzugehen. Dazu gehört natürlich auch wieder der persönliche Kontakt. Wenn Sie vorher anrufen, Ihr Thema erläutern und dann einen Brief schicken, steigen Ihre Chancen rapide.

Ein handschriftlicher Brief wird sicherlich wenig Interesse wecken. Ein übersichtliches Anschreiben mit Briefkopf wirkt professioneller und landet auf dem Haufen ganz oben. Wenn dann noch das richtige drinsteht (Eigeninteresse), wird der Brief auch schnell beantwortet. (Wie sie auftreten müssen, erfahren Sie im Kapitel Öffentlichkeitsarbeit.)

Strukturieren Sie Ihre Gespräche

Auch hier muss wieder auf die Wichtigkeit eines strategischen Vorgehens hingewiesen werden: Planen Sie den Ablauf Ihrer Lobbygespräche. In der Realität wird der Plan nie eingehalten werden, aber Sie haben so eine Struktur und vergessen wichtige Punkte nicht.

Am Anfang eines Gesprächs steht eine kurze Vorstellungsrunde. Nennen Sie dann Ihre Gesprächspunkte. Ihr Gesprächspartner kann damit einschätzen, um was es geht. Sie haben so auch einen Vorteil beim Zeitmanagement: Häufig ist ein Treffen viel zu schnell vorüber und am Ende wurden wichtige Punkte vergessen. Wenn Sie zudem merken, dass das Gespräch abschweift, können Sie Ihren Partner mit der Struktur wieder „zurückholen". Versuchen Sie am Ende des Treffens konkrete Aufgaben zu benennen. Fassen Sie das Gespräch noch mal in den wichtigsten Punkten zusammen. Stellen Sie dann die Frage „Wie geht es weiter?". Damit halten Sie Ihren Gesprächspartner bei der Stange. Wenn Sie aber während des Gespräches selbst merken, dass wenig Aussicht auf Erfolg besteht, bedanken Sie sich einfach und lassen Sie sich Ihre Enttäuschung nicht anmerken. Man trifft sich immer zweimal im Leben.

Schreiben Sie sich dich wichtigsten Argumente, Fragen und Ge-
sprächspunkte auf. Es reicht, wenn fünf bis zehn Punke auf Ihrem
Zettel stehen.

Haben Sie Ihre Argumente schriftlich parat

Haben Sie immer Ihre wichtigsten Argumente zur Hand. Am besten schriftlich. Schreiben Sie dabei zielgruppengerecht, das heißt Sie sollen keine wissenschaftlichen Abhandlungen, sondern kurz und knapp die wichtigsten Argumente darlegen. Ihr Gegenüber kann Sie dann eins zu eins für seine eigene Position übernehmen, ohne viel Arbeit zu investieren (Tipps hierzu finden Sie im Kapitel Pressearbeit). Vor jedem Gespräch können Sie das Papier an Ihren Adressaten verschicken. So weiß derjenige gleich, auf wen er sich einzustellen hat. Und Sie sparen Zeit, die für das eigentliche Gespräch genutzt werden kann – Sie müssen nicht mehr Ihre Position im Einzelnen vorstellen. Professionelle Akteure liefern auch schon fertige Gesetzestexte ab. So weit müssen Sie nicht gehen. Wenn Sie allerdings einen Juristen im Bekanntenkreis haben, können Sie natürlich mal nachfragen. Einzelne Passagen in Juristendeutsch zu formulieren, erleichtert Ihrem Gegenüber die Arbeit.

Ein Papier, welches die wichtigsten Punkte zusammenfasst, dient Ihrem Gegenüber als Erinnerungshilfe.

Partner beteiligen

Binden Sie die Menschen in Ihre Arbeit ein. Laden Sie wichtige Gesprächspartner, die Ihrer Sache positiv gegenüberstehen ein, als Privatpersonen bei Ihren Treffen dabei zu sein. Sie schaffen sich so Verbündete, die Ihnen mit Interna weiterhelfen können.

Öffentlicher Druck

Bauen Sie öffentlichen Druck auf. Ihr Thema muss in der Presse und in der Öffentlichkeit relevant sein. Versuchen Sie, selbst in der Öffentlichkeit aktiv zu werden. Nutzen Sie Anlässe, bei denen Ihr Thema eine Rolle spielt. Mit Druck aus der Öffentlichkeit ist die Ansprache am wirkungsvollsten. Wie Sie das erreichen können, erfahren Sie im Kapitel Öffentlichkeitsarbeit.

Vertreten Sie die Allgemeinheit

Denken Sie daran: Sie vertreten die Allgemeinheit, kein einzelnes Interesse. Bei all Ihren Argumenten sollten Sie immer das Gemeinwohl im Auge haben. Wenn Sie eine Verkehrsberuhigung für Ihre eigene Straße fordern, warum sollte der Politiker sich für Sie einsetzen? Engagieren Sie sich aber für eine Verkehrsberuhigung ihres Ortsteils, sieht die Sache schon anders aus.

Machen Sie deutlich, dass hinter Ihnen eine größeres Interesse bzw. eine größere Gruppe von Bürgern steht.

Sachlich bleiben

Und nicht zuletzt: Bleiben Sie sachlich. Dies wurde weiter oben schon erläutert, aber sicher ist sicher. Sie wollen schließlich als Ansprechpartner ernst genommen werden. Dieser Punkt wird deshalb noch mal angesprochen, da viele engagierte, aber frustrierte Bürger anfangen, Verwaltung und Politik zu beschimpfen. Häufig auch noch die falschen Personen, nämlich diejenigen, die überhaupt noch mit ihnen reden. Sie erreichen damit nichts und glücklich macht es auch nicht. Fangen Sie erst gar nicht damit an. Passen Sie Ihre Ziele lieber an, als sich unglücklich zu machen.

5.6 Wen spreche ich wann wie an?

Viele Gruppen finden sich erst dann zusammen, wenn die politische Entscheidung zu ihrem Problem ansteht. Leider ist es dann in den meisten Fällen zu spät, noch etwas zu erreichen. Die Sachargumente wurden ausgetauscht, Lösungen miteinander verglichen und Gesetzesentwürfe formuliert. Das heißt, die Arbeiten sind schon sehr weit fortgeschritten und niemand hat Lust, noch mal von vorn anzufangen. Selbst wenn neue relevante Informationen auftauchen: Keiner gibt gerne zu, dass er Fehler gemacht oder Dinge übersehen hat. Für Ihre Arbeit als Lobbyist ist deshalb wichtig, zum richtigen Zeitpunkt zu agieren. Wann liefern Sie welche Informationen und zu welchem Zeitpunkt ist es sinnvoll, Aktivitäten zu starten? Auch hier hilft wieder der (schematische) Ablaufplan nach dem Policy-Cycle:

In der ersten Phase

In der ersten Phase der Thematisierung ist Ihr Hauptansprechpartner die Öffentlichkeit. Sie wollen Ihr Thema bekannt machen, also müssen Sie die Bevölkerung ansprechen. In unserer heutigen Zeit des Medienüberflusses ist es kein leichtes Unterfangen, die Menschen für ein neues Thema zu begeistern.

Ein Thema muss interessant genug erscheinen, um sich damit zu beschäftigen. Denken Sie daran, Sie stehen in Konkurrenz zu eine Unmenge von anderen Themen und Gruppen. Sie müssen aus dieser Masse herausragen, um wahrgenommen zu werden.

Erst wenn Ihr Thema in der Öffentlichkeit wahrgenommen wird, wird sich auch die Politik damit beschäftigen.

In dieser Phase können die ersten Kontakte zur Politik geknüpft werden. Versuchen Sie ausgewählte Politiker für Ihr Thema zu interessieren. Jeder Politiker hat seine Spezialthemen. Finden Sie heraus, wer Ihr Ansprechpartner sein könnte. Fragen Sie bei den Parteien nach, wer Ihr Thema bearbeitet. Versuchen Sie auch weitere Ansatzpunkte auszuprobieren, um Kontaktpersonen in der Politik zu finden. Wer wohnt in Ihrer Gegend? Wer hat seinen Wahlkreis bei Ihnen? Finden Sie Menschen in der Verwaltung, die sich für Ihr Thema interessieren. Rufen Sie die zuständigen Behörden an und fragen Sie, wer für Ihr Thema zuständig ist. Dies kann leider sehr zeitintensiv sein, da Sie häufig von einer Abteilung zur nächsten geschickt werden. Machen Sie deshalb deutlich, dass Sie erst mal nur Ansprechpartner suchen. Dann ist es einfacher in Kontakt zu kommen.

Wichtig in dieser Phase ist, dass Sie Verbündete finden. Sie benötigen in den folgenden Phasen Interna, die Sie über offizielle Kanäle nur sehr schwer erhalten können. Auch können Sie Ihre Verbündeten nutzen, um die richtigen Aktionen zum richtigen Zeitpunkt zu planen. Sie müssen die Suche nach Verbündeten per Telefon angehen. Alle anderen Formen der Kontaktaufnahme sind zu unpersönlich und dauern zu lange. Einen Brief kann man erst mal zu Seite legen, einen Hörer nur schwer. Wenn Sie den ersten Telefonkontakt hergestellt haben, bieten Sie gleich Material an. Sie sollten zu diesem Zeitpunkt schon einige Grundlagen parat haben, mit denen Sie Kompetenz signalisieren und eventuell auch Neugier wecken können. Senden Sie auch Ihre Kontaktdaten, dann muss Ihr Gegenüber nicht mitschreiben. Am einfachsten, schnellsten und billigsten geht dies per E-Mail. Nutzen Sie diese Kommunikationsform.

Sie müssen so früh wie möglich aktiv werden. Agieren Sie nicht erst, wenn das Problem schon überall bekannt ist und sich niemand mehr damit auseinandersetzen möchte. Nehmen Sie frühzeitig Entwicklungen wahr, analysieren Sie diese und bestimmen Sie danach Ihr Vorgehen.

In der zweiten Phase

In der Phase der Politikformulierung sind Sie, wenn sich die Politik des Themas angenommen hat. Jetzt gilt es die Weichen zu stellen, um eine Entscheidung in Ihrem Sinne zu erreichen. Wenn Sie schon erste Kontakte zu einzelnen Politikern geknüpft haben, können Sie sie jetzt auf Ihre Seite ziehen. Noch sind die Positionen nicht festgeklopft. Sie haben zu diesem Zeitpunkt die besten Chancen Ihre Sichtweisen einzubringen. Arbeiten Sie mit Ihren Verbündeten zusammen. Loten Sie gemeinsam aus, was möglich ist und was utopisch. Sie werden in der Regel einige Abstriche von Ihrem ursprünglichen Ziel machen müssen. Politik ist immer die Kunst des

Kompromisses. Fragen Sie einfach Ihre Kontaktpersonen, wie deren weiteres Vorgehen aussieht. Was benötigen diese? Gut ist immer die Frage „Wo können wir Sie unterstützen?" Fragen Sie auch, welche weiteren wichtigen Personen an der Sache arbeiten. Allerdings werden Sie schnell an Grenzen stoßen. Wirklich alle relevanten Personen zu bearbeiten, ist in der Regel nicht zu schaffen. Selbst professionelle Lobbyisten konzentrieren Ihre Arbeit auf einige Personen.

Wenn Sie ihre Verbündeten überzeugt haben, sollten Sie versuchen auch die andere Seite von Ihren Ansichten zu überzeugen. Denken Sie aber daran, dass es viel Zeit und Nerven kosten wird. Was können Sie realistisch erreichen? Wer ist wirklich wichtig für meine Arbeit? Wer besitzt die Meinungsführerschaft in der Partei in dieser Sache. Seien Sie offen für Ihre Gegner. Auch wenn Ihr Ansprechpartner eine andere Position vertritt, können Sie ihn immer noch auf Ihre Seite ziehen. Vermeiden Sie dementsprechend in dieser Phase den offenen Konflikt. Noch ist Zeit, mit Sachargumenten und guter Lobbyarbeit Gegner von Ihrer Sache zu überzeugen.

Überprüfen Sie im Vorfeld die Machtverhältnisse. Wenn Ihre Verbündeten hoffnungslos in der Minderheit sind, ist es wichtig seine Taktik an die Verhältnisse anzupassen.

In dieser Phase ist auch die richtige Zeit, sich Verbündete in den verschiedenen Verwaltungen zu suchen. Die Verwaltungen beraten die Politiker und liefern Hintergrundinformationen. Zumeist arbeiten sie jetzt schon an den Gesetzentwürfen. Versuchen Sie ihre Ansichten und Vorschläge in diesen Prozess einzubauen. Versuchen Sie den Stand der Diskussionen in den Abteilungen herauszufinden. Sie können dann zielgerichtet einzelne Argumente in den Prozess einfließen lassen. Auch hier funktioniert die Lobbyarbeit wieder nur über persönliche Kontakte. Alles andere würde viel zu lange dauern.

Viele vergessen in dieser Phase die Verwaltung und konzentrieren sich auf die Politiker. Dabei kann eine engagierte Person jetzt den Ausschlag geben.

Und als Letztes ist jetzt der Druck der Öffentlichkeit notwendig. Hiermit können Sie die Entscheider in ihrer Richtung beeinflussen. Nutzen Sie Ihr ganzes Repertoire: Veranstaltungen, öffentliche Aktionen, Presseartikel etc. Laden Sie Politiker und Fachvertreter aus der Verwaltung zu öffentlichen Veranstaltungen ein. Sie werden gerne kommen. Nutzen Sie die Presse, um Ihre Ansichten zu verbreiten. Öffentliche Aktionen können breite Schichten der Bevölkerung erreichen. Das klingt alles einfacher, als es am Ende ist. Aber lassen Sie sich nicht beirren. Sie müssen nicht alles auf einmal machen. Tipps und Tricks finden Sie in den nächsten Kapiteln.

In der dritten Phase

Jetzt steht die Entscheidung an. Der Gesetzgebungsprozess beginnt. Die direkte Einflussnahme auf den Entscheidungsprozess ist nicht einfach. Es gilt, Unterstützung für den eigenen Vorschlag bzw. gegen einen anderen zu organisieren. In dieser Phase werden die Gesetzesvorschläge in den zuständigen Gremien, bzw. Ausschüssen diskutiert. Dabei haben sich die Beteiligten in der Regel schon für eine Seite entschieden. Diese Meinung wieder umzudrehen, ist nur in wenigen Fällen von Erfolg gekrönt. Wichtiger ist jetzt die Ausgestaltung der einzelnen Regeln zu beeinflussen.
Ihre wichtigsten Ansprechpartner sind in der Politik. Finden Sie heraus, wie das Verfahren der Gesetzgebung aussieht. Je nach Bundesland und Thematik kann es von einer einfachen Abstimmung bis zu mehreren Ausschusssitzungen und Wahlgängen laufen. Fragen Sie einfach Ihre Verbündeten, wie das weitere Prozedere aussieht. Dann wissen Sie auch, wann es sich lohnt aktiv zu werden.
Haben Sie konkrete Angebote bereit. Sie müssen nicht unbedingt vorformulierte Paragrafen zur Hand haben (wenn Sie einen Juristen in Ihrer Gruppe haben, ist es natürlich von Vorteil), aber Sie sollten einzelne Punkte so aufbereitet haben, dass Sie sie schnell in den Gesetzgebungsprozess einbringen können. Nur selten werden Sie Ihre Maximalforderungen durchsetzen können. Haben Sie sich vorher aber eine gute Strategie zurechtgelegt, können Sie jetzt mit Kompromissvorschläge einige Ihrer Unterziele einbringen. Ab wann ein Erfolg zu verzeichnen ist, hängt von Ihren Zielen ab.

Schätzen Sie die Erfolgsaussichten einer Einflussnahme realistisch ein. Wenn Sie erkennen, dass Sie mit Ihrem Anliegen nicht durchkommen, müssen Sie auch keine Arbeit mehr investieren. Dann gibt es Wichtigeres zu tun.

Es kann auch sinnvoll sein, in dieser Phase noch mal die Öffentlichkeit zu mobilisieren. Wenn die Richtung der Entscheidung noch nicht sichtbar ist und einige Ihrer Forderungen noch erfolgversprechend sind, können Sie damit den notwendigen Druck an der richtigen Stelle erzeugen. In dieser Phase müssen die Politiker Farbe bekennen. Sehen sie sich der öffentlichen Meinung gegenüber, ist es nicht so einfach, seine Position durchzuhalten.

Von Seiten der Verwaltung ist wenig zu sehen. Die wichtigsten Arbeiten wurden in der letzten Phase erledigt. Ist das Thema sehr umstritten, kann es passieren, dass die Verwaltung wieder aktiv werden und neue überarbeitete Vorschläge vorlegen muss. Dann befinden Sie sich wieder in der Phase Politikformulierung und sollten Ihre Lobbyarbeit anpassen.

In der vierten Phase

Das Gesetz ist beschlossen, die Umsetzung steht an. Der Umsetzungsakt wird in der Regel von der Verwaltung übernommen. In dieser Phase ist der Einfluss externer Lobbygruppen nur sehr gering. Das Gesetz jetzt noch zu verhindern, ist fast unmöglich. In der Regel kann das nur noch über die Gerichte erreicht werden. Dies ist allerdings sehr zeitaufwendig und mit Kosten verbunden. Sie brauchen einen Rechtsanwalt, der sich mit der Materie auskennt. In vielen Fällen führt der Gang vor Gericht zu einer Niederlage und einer Menge schlechter Presse für die Kläger.

Machen Sie von der Möglichkeit einer Klage nur in Ausnahmefällen Gebrauch und wirklich nur dann, wenn offensichtlich geltendes Recht verletzt wurde.

Ihre Lobbyarbeit beschränkt sich jetzt auf die Überwachung der Umsetzung. Wird das Gesetz auch so ausgefüllt, wie es ursprünglich beschlossen wurde?
Nutzen Sie Ihre Kontakte in der Verwaltung. Gibt es Neuigkeiten? Wie sehen die Arbeiten aus? Wenn wirklich etwas faul sein soll-

te, weisen Sie Ihre Politiker darauf hin. Diese können dann Druck ausüben. Wenn ein Gesetz zu langsam oder gar nicht umgesetzt wird, schalten Sie die Presse ein. Diese ist immer auf der Suche nach einem Skandal. Aber agieren Sie nicht zu früh. Einmal wird der Journalist nachforschen, zweimal sicherlich nicht.

In der fünften Phase

Zumeist ist öffentliche Kritik der Auslöser für eine Neubewertung des Gesetzes. Die Politik und die Verwaltung sind in der Regel nicht daran interessiert, die ganze Sache noch mal von vorn aufzurollen. Der Anstoß kann aber auch von anderen Seiten kommen, zum Beispiel wenn festgestellt wird, dass die Regelung nicht ausreicht. Wenn das Gesetz beschlossen wurde und einer kritischen Überprüfung nicht standhält, können Sie wieder aktiv werden. Lassen Sie dem Gesetzgeber aber Zeit, das Gesetz erst einmal einzuführen. Vorschnelles Handeln wirkt hier unglaubwürdig. Warten Sie dementsprechend erst einmal ab, wie die beschlossene Regelung wirkt, bevor Sie vorschnell in Aktion treten.

Häufig sieht die praktische Arbeit so aus, dass mit der Kritik an einer bestehenden Regelung begonnen wird. Es gibt kaum noch Problembereiche, für die keine Regelung existiert. Lassen Sie sich davon nicht beirren. Wie oben dargestellt, handelt es sich bei dem Phasenmodell um ein stark vereinfachtes Schema. Die Übergänge zwischen der Evaluationsphase und der Thematisierung sind fließend.

Für Ihre Arbeit ist in dieser Phase wieder die Öffentlichkeit der Hauptansprechpartner. Erst mit genug Druck von dieser Seite kann der Prozess wieder von vorn beginnen. Konzentrieren Sie sich auf diese Zielgruppe. Ziel Ihrer Arbeit sollte sein, in der Öffentlichkeit die Funktion des Gesetzes zu diskutieren. Diese Diskussion wird am leichtesten in der Presse zu erreichen sein. (Nutzen Sie die Tipps und Tricks, die sie im Kapitel Pressearbeit finden.)

Suchen Sie auch wieder nach Verbündeten in Politik und Verwaltung. Sie können von dieser Seite interessante Tipps erwarten. Aber halten Sie Ihre Quellen geheim. Niemand steht gerne als Nestbeschmutzer da. Wenn Sie es geschafft haben, in der Öffentlichkeit eine Diskussion über das Gesetz anzuzetteln, beginnen Sie wieder mit Phase eins.

Checkliste. Wann wie aktiv werden?

Phase Thematisierung
Das Thema wird in der Öffentlichkeit diskutiert:

Bringen Sie Ihre Position in die öffentliche Meinung ein. Nutzen Sie die Presse. Suchen Sie Verbündete in Politik und Verwaltung, die Sie mit Informationen versorgen können.

Phase Politikformulierung
Die Politik hat sich des Themas angenommen:

Ziehen Sie Politik und Verwaltung auf Ihre Seite. Promoten Sie Ihre Argumente und Informationen. Überprüfen Sie die Machtverhältnisse. Versuchen Sie Ihre Gegner zu überzeugen. Bauen Sie über die Öffentlichkeit Druck auf.

Phase Entscheidung
Eine Lösungsmöglichkeit, ein Gesetz, wird diskutiert:

Schauen Sie sich den Weg der Gesetzgebung an. Wann müssen Sie wo Einfluss ausüben? Welche Punkte sind noch umstritten? Versuchen Sie die Öffentlichkeit mit diesen Punkten zu mobilisieren. Schätzen Sie Ihre Erfolgsaussichten realistisch ein.

Phase Umsetzung
Das Gesetz ist beschlossen:

Gehen Sie nur dann vor Gericht, wenn es wirklich Aussicht auf Erfolg hat. Überwachen Sie die Umsetzung, nutzen Sie Ihre Kontakte in der Verwaltung. Gibt es Probleme mit dem Gesetz?

Phase Evaluation
Das Gesetz funktioniert nicht:

Diskutieren Sie in der Öffentlichkeit das Gesetz. Bauen Sie so Druck auf die Politik auf. Fangen Sie wieder mit Phase eins an.

III. Öffentlichkeitsarbeit – Wie erreiche ich die Menschen?

1. Warum Öffentlichkeitsarbeit?

Ein ganzer Berufszweig lebt davon, die Dienstleistung „Öffentlichkeitsarbeit" zu verkaufen. Gemeint sind die Public-Relation (PR)-Agenturen. Nicht zu verwechseln mit einer Werbeagentur, auch wenn für den Laien der Übergang häufig fließend ist. Werbung versucht ein Produkt zu verkaufen. PR versucht, einem Produkt, einer Firma oder einem Verband ein positives Image zu verleihen. Im Fokus steht demzufolge das Unternehmen bzw. der Verband als Ganzes, und nicht nur ein Produkt.

Benzin zu verkaufen, ist relativ einfach. Hier kann eine Werbeagentur mit (angeblich) verbesserten Eigenschaften schnell ein neues Produkt kreieren. Einer Ölfirma ein positives Image zu verpassen ist hingegen sehr schwierig. Man denke nur an BP und das Desaster mit der Ölplattform Brent Spar. Hier kommen PR-Strategen zum Einsatz. Sie entwickeln Strategien, wie der Konzern besser in der Öffentlichkeit dastehen kann.

Warum dieses Beispiel? Es zeigt, dass gute Öffentlichkeitsarbeit ein langfristiger Prozess ist und nicht nur an einem Punkt ansetzen kann. Und vor allen Dingen bedeutet die beste Öffentlichkeitsarbeit nur rausgeschmissenes Geld, wenn die Idee mit der Wirklichkeit nicht Schritt halten kann. Am Anfang sollten Sie sich deshalb eines bewusst machen: Öffentlichkeitsarbeit ist nicht nur ein Prozess nach außen, in die Öffentlichkeit, sondern genauso ein Prozess nach innen, zu den eigenen Mitstreitern und Mitgliedern. Es ist nicht damit getan, ein schönes Logo zu entwerfen. Vielmehr müssen verschiedene Ebenen miteinander abgestimmt werden und der Prozess als solcher ist nie zu Ende. Öffentlichkeitsarbeit bietet aber gleichzeitig eine Vielzahl von Chancen, wie Sie Ihren Verband voranbringen können. Lassen Sie sich auf den Prozess ein, verhindert das Konflikte innerhalb Ihrer Gruppe und legt die Grundlagen für Erfolge außerhalb. Kurz: Gezielte interne und externe Öffentlichkeitsarbeit erleichtert Ihre Arbeit. Machen Sie Ihren Mitstreitern deutlich, dass eine strategische Öffentlichkeitsarbeit für Ihre Gruppe immens wichtig ist. Hierzu ein paar Argumente:

Bekannt werden

Um im öffentlichen Raum etwas zu erreichen, müssen die Menschen von Ihnen gehört haben. Ihre Arbeit und Ihre Aufgaben müssen in der Öffentlichkeit und bei den Entscheidern so weit bekannt sein, dass es sich lohnt, Zeit und Arbeit in Ihre Gruppe zu investieren. Öffentlichkeitsarbeit hilft Ihnen, sich nach außen darzustellen.

Bedeutung und Nutzen darstellen

Aber nur bekannt zu sein, wird in der Regel nicht reichen, um etwas zu bewegen. Sie müssen den Menschen auch klarmachen, welche Bedeutung ihr Thema hat und welcher Nutzen entsteht, wenn sie Zeit und Arbeit investieren.

Wenn Sie auf Helgoland leben und einen Verein zur Rettung der Insel gründen, müssen Sie wahrscheinlich auf der Insel wenig Werbung für Ihr Anliegen machen. Wenn Sie allerdings auch Menschen auf dem Festland erreichen wollen, sieht die Sache schon anders aus. Hier müssen Sie genau erklären, worin die Bedeutung und der Nutzen der Insel liegen.

Leben Sie nicht auf dieser wunderschönen Insel und haben Sie auch kein so populäres Thema für Ihre Umgebung, müssen Sie sich etwas einfallen lassen. Sie konkurrieren mit anderen Initiativen, Unternehmen, Vereinen etc. um die Aufmerksamkeit (und auch um das Geld) der Menschen.

Positives Image vermitteln

Das beste und wichtigste Thema nützt nichts, wenn Sie bei den Menschen einen schlechten Ruf haben. Denken Sie an das obige

Beispiel mit der Brent Spar. Der Ölkonzern musste viele Jahre lang viel Geld investieren, um einen einigermaßen soliden Ruf bei den Verbrauchern wieder herzustellen. Einen guten Ruf hat man nicht, den muss man sich erarbeiten. Wären Sie bereit, Zeit und Geld in einen Verein zu investieren, wenn Sie dauernd nur Schlechtes über den Verein hören? Es muss also Ihr oberstes Anliegen sein, in der Öffentlichkeit einen tadellosen Ruf zu erlangen.

Die eigene Gruppe zusammenhalten

Wie oben beschrieben, funktioniert gute Öffentlichkeitsarbeit nicht nur nach außen, sondern auch nach innen. Erst wenn alle von der Sache überzeugt sind und an einem Strang ziehen, kann ihre Arbeit Erfolg haben.

Anliegen und Ziele kommunizieren

Dies hört sich leichter an, als es ist. Sie wissen in der Regel, worum es geht und was verändert werden soll. Dieses Wissen Ihren Freunden mitzuteilen, ist schon schwierig genug. Die breite Öffentlichkeit hingegen zu erreichen, ist noch viel komplizierter.

2. Wer ist die Öffentlichkeit?

Wenn Gruppen Aktionen planen, ist vielfach zu hören: „Wir wollen damit die Öffentlichkeit erreichen". Nur, wer ist die Öffentlichkeit? Alle? Oder nur ein kleiner Teil der gesamten Bevölkerung Deutschlands? Alle Kinder? Alle Menschen mit roter Haarfarbe? Alle Brillenträger? Viele Vereine machen den Fehler, mit einer Aktion möglichst „alle Menschen" erreichen zu wollen. Ist dann auch noch das Ziel der Aktion unklar, steht der Verschwendung von Zeit, Engagement und Enthusiasmus nichts mehr im Wege. Viele gute Projekte scheiterten, nur weil nicht klar war, wer und was mit der ganzen Arbeit erreicht werden sollte. Machen Sie sich deshalb von vornherein klar, dass es „die" Öffentlichkeit nicht gibt. Es gibt Teilöffentlichkeiten, die mit bestimmten Mitteln erreicht werden können.

In der Fachliteratur gibt es eine Fülle von unterschiedlich definierten Öffentlichkeiten. Berücksichtig werden die Einstellungen der Menschen, die Werte, die Konsumgewohnheiten, Lebensbedingungen, Schulbildung und, und, und. Fangen Sie nicht an, sich in diese Literatur einzuarbeiten. Zum einen können nur professionell arbeitende Menschen die nötige Zeit aufbringen, zum anderen finden Sie zu jeder Meinung mindestens zehn Gegenmeinungen. Für Ihre Arbeit ist nur wichtig zu wissen, dass es verschiedene Öffentlichkeiten gibt, die Sie mit verschiedenen Mitteln erreichen können (und auch erreichen sollen!). Jede Teilöffentlichkeit erfordert andere Ansprachen.

2.1 Die Kernöffentlichkeit

Die Kernöffentlichkeit ist eigentlich ein Hilfsbegriff. Unter diesen Begriff fallen alle Menschen, die irgendwie mit Ihrer Sache zu tun haben. Seien es Spender, Freunde des Vereines, Betroffene, Sympatisanten, Angehörige, Patienten, Anwohner etc. Machen Sie sich eine Liste, wer alles mit Ihrem Verein zu tun hat, und definieren diese als Ihre Kernöffentlichkeit. Aus diesen Menschen rekrutieren sich am leichtesten neue Mitglieder, Förderer oder Unterstützer. Für die Arbeit Ihres Vereins oder Ihrer Initiative ist die Kernöffentlichkeit die wichtigste Zielgruppe. Diese dürfen Sie nie vernachlässigen. Sie können diese Zielgruppe in der strategischen Arbeit aber nochmals unterteilen und Prioritäten setzen: Wenn Sie genug Mitglieder haben, aber Spenden brauchen, setzen Sie hier Ihr Ziel an. Aber passen Sie auf: Wenn Sie keine Angebote mehr für Ihre Unterstützer anbieten, können diese Ihnen schnell verloren gehen. Wichtig ist der Begriff Kernöffentlichkeit auch, um nochmals darauf hinzuweisen, dass Sie es nur sehr selten schaffen werden, „die" Öffentlichkeit zu erreichen.

Wenn Sie neue Mitglieder für Ihren Fußballverein finden wollen, werden die örtlichen Handballer nur wenig Interesse bekunden. Grenzen Sie Ihre Zielgruppe aber ein, zum Beispiel ehemalige Fußballer, können Sie Ihre Öffentlichkeitsarbeit darauf ausrichten: ein Schnupperangebot kreieren, ein Fußballturnier für Freizeitsportler, etc. Wichtig ist nur, dass Sie sich vorher entscheiden, wen Sie mit Ihrer Arbeit erreichen wollen.

Ihre Kernöffentlichkeit definiert gleichzeitig das Profil ihres Vereins. Wenn Sie eine vernünftige Zieldefinition gemacht haben (siehe Kapitel Strategie), wissen Sie schon sehr genau, wer Sie sind und was Sie wollen. Wenn Ihr Verein sich darüber im Unklaren ist, haben Sie nicht nur ein Problem, sondern werden es auch nur schwer schaffen, genug Unterstützer zu finden.

Ihre Kernöffentlichkeit ist die Seele des Verbandes. Hier finden Sie am ehesten Unterstützer und Förderer. Die Ansprache kann direkt erfolgen, über Ziele und Aufgaben Ihrer Gruppe sind diese Personen in der Regel gut informiert. Die Kernöffentlichkeit muss regelmäßig Nachrichten von Ihnen erhalten.

2.2 Die Fachöffentlichkeit

Wie der Name schon sagt, handelt es sich hier um die Öffentlichkeit, die das für Ihren Bereich wichtige Fachwissen besitzt. Für Ihre Arbeit ist die Fachöffentlichkeit sehr bedeutend. Entscheidungen werden auf Grundlage von Expertisen und der direkten Beratung durch Experten gefällt. Sie müssen in diesen Kreisen anerkannt sein und selbst die Grundlagen liefern können. Dann haben Sie einen direkten Einfluss auf Entscheidungen und können diese zu Ihren Gunsten beeinflussen. Eine Ansprache dieser Personen muss selbstverständlich anders erfolgen als bei Nichtfachleuten.

Wissen Sie, was ein Dauerschallpegel von 65 dB(A) nachts bedeutet? Ein Fachmann kann hier sofort mitreden. Wenn Sie damit aber die Menschen in Ihrer Umgebung erreichen wollen, werden Sie wenig Erfolg haben.

Die für Sie wichtigen Ansprechpartner in Politik und Verwaltung sind in der Regel über das Thema schon gut informiert. Sie müssen für diese Zielgruppe interessante Angebote entwickeln: Fachveranstaltungen, kleinere Workshops für geladene Personen, Fachartikel etc. Beim Umgang mit dieser Gruppe dürfen Sie Ihr Wissen zur Schau stellen und Fachwörter verwenden.

Die Fachöffentlichkeit erreichen Sie mit Kompetenz. Sie müssen fachlich auf dem Laufenden sein und aktuelle Entwicklungen im Blick behalten. Die Fachöffentlichkeit ist wichtig, da hier in der Regel die Entscheidungen vorbereitet werden.

2.3 Die Medienöffentlichkeit

Die Medienöffentlichkeit ist die Zielgruppe, die Sie brauchen, um Ihren Verein und dessen Arbeit bekannt zu machen. Unter Medienöffentlichkeit werden alle Leser, Zuhörer und Zuschauer von Zeitungen, Radio und Fernsehen verstanden.

Die Medienöffentlichkeit erreichen Sie über die Presse. Sie können die Presse nutzen, um Personen abseits Ihrer Kernöffentlichkeit zu erreichen. Schließlich wollen Sie mit Ihrem Anliegen möglichst viele Menschen erreichen. Jeder Verein muss daran interessiert sein, regelmäßig in den Medien aufzutauchen. Wenn Ihre Sache von außen abhängig ist, müssen Sie auch nach außen in Erscheinung treten.

Der Schrebergartenverein, der genügend Mitglieder hat und ganz zufrieden mit der Situation ist, muss sicherlich keine Pressearbeit machen. Anders sieht es aus, wenn der Verein sich nach außen darstellen muss: weil Mitglieder fehlen, Zuwendungen gekürzt werden sollen, die Grundstücke bedroht sind etc.

Besonders wenn Sie von Fördermitteln abhängig sind, seien es öffentliche Mittel oder private Spenden, müssen Sie öffentlich in Erscheinung treten. Da für die meisten Vereine dieses Thema immer im Mittelpunkt stehen wird (glücklich diejenigen, bei denen die Finanzen kein Problem darstellen), wird der Pressearbeit ein eigenes Kapitel gewidmet. Sie finden dort die wichtigsten Grundlagen und Vorgehensweisen, um in der Presselandschaft in Erscheinung zu treten. Auch wenn Sie mit der Medienöffentlichkeit einen großen Teil der Bevölkerung erreichen, werden wieder nur wenige Menschen Ihre Sache wahrnehmen. In der Regel sind das diejenigen, die schon an Ihrem Thema interessiert sind. Überschätzen Sie dementsprechend nicht die Möglichkeiten, die die Presse Ihnen eröffnet.

Über die Presse erreichen Sie die Medienöffentlichkeit. Diese ist wichtig, um Ihre Sache bekannt zu machen. Um in die Presse zu gelangen, müssen sie journalistische Arbeit machen.

2.4 Die interne Öffentlichkeit

Auch Ihr Verband ist ein Teil Ihrer Öffentlichkeit. Leider wird viel zu häufig vergessen, dass der eigene Verband und auch die eigenen Mitarbeiter informiert und an Entscheidungen beteiligt werden müssen.

Die Mitarbeiter einer Behinderteneinrichtung sind sich darüber klar, dass ihr Haus ein möglichst angenehmer Ort für alle darin wohnenden und arbeitenden Menschen sein soll. Während der eine dafür einen großen Garten anlegen möchte, besteht eine andere darauf, eine neue Teeküche einzurichten. Die Dritte möchte lieber die Fahrbereitschaft intensivieren und der Vierte ein neues Freizeitzimmer.

So banal dieses Beispiel klingt, ist es doch existenziell für diese Einrichtung, dass gemeinsam entschieden wird, wie die knappen Mittel verwendet werden. Zugleich will jeder an der Entscheidung beteiligt werden und auch wissen, warum welche Entscheidung getroffen wurde. Natürlich kann der Leiter oder die Leiterin der Einrichtung auch von oben herab entscheiden, Engagement und Enthusiasmus wird er oder sie damit aber nicht erreichen. Interne Öffentlichkeitsarbeit bedeutet, Mitglieder und auch Mitarbeiter über die Arbeit und die Ziele zu informieren. Entscheidungen werden transparent gemacht, Arbeitsvorhaben und Arbeitsbereiche erläutert. Jeder muss wissen, an wen er sich wenden kann, und wer für welche Entscheidungen verantwortlich ist. Dazu gehört auch, dass die Möglichkeiten, sich zu beteiligen und sich darüber zu informieren, einfach sein müssen. Und nicht zuletzt muss die Verwendung von Einnahmen und Spenden für jeden klar ersichtlich sein. Kurz gesagt: Jeder, der sich für Ihre Sache engagiert, sie unterstützt oder auch nur einen Beitrag zahlt, hat auch ein Anrecht darauf, fortlaufend von Ihnen informiert zu werden.

Nur wenn diese Grundvoraussetzungen stimmen, können Sie Mitarbeiter motivieren und Menschen an den Verein binden. Eine funktionierende Kommunikation nach innen ist keine lästige Pflicht, sondern eine unbedingte Notwendigkeit für einen lebendigen Verein. Die interne Öffentlichkeitsarbeit gibt Ihnen hier ein paar Hilfsmittel an die Hand. Bei der Umsetzung ist Ihre Kreativität gefragt. (Im Kapitel Lobbyarbeit im eigenen Verband erfahren Sie mehr darüber, wie sie Ihre Mitglieder und Ihr Team erreichen.)

> *Ihre interne Öffentlichkeit ist wichtig für das Funktionieren Ihrer Einrichtung. Sie müssen diese in Ihre Arbeit mit einbeziehen. Regelmäßige Ansprache und attraktive Angebote halten die Menschen bei der Stange. Transparenz und klare Strukturen müssen gewährleistet sein.*

3. Was tun?

3.1 Aktionen vorbereiten

Bevor Sie in der Öffentlichkeit in Erscheinung treten, müssen Sie wissen, was Sie erreichen wollen. Definieren Sie wieder ein Ziel. Haben Sie dabei auch Ihre Zielgruppen, das heißt Ihre verschiedenen Öffentlichkeiten, im Blick. Jede benötigt ihre eigene Ansprache. Für die Planung Ihrer Öffentlichkeitsarbeit können Sie folgende Fragen verwenden. Nutzen Sie auch die einzelnen Planungsphasen, wie sie im Kapitel Strategie vorgestellt wurden. Hier wird sozusagen eine Kurzversion angeboten. Zuerst wieder die Fragen der Analysephase:

– Was wollen wir mit unserer Öffentlichkeitsarbeit erreichen?
– Welche Mittel und Wege sind uns vertraut? Was haben wir in der Richtung schon gemacht?
– Was haben wir zur Verfügung? Finanzen, Personen, Materialien etc.

Für die Planung der konkreten Aktion (Infostand, Veranstaltung, Produktion von Flyern, Broschüren o.Ä.) müssen Sie sich auf die Menschen konzentrieren, die Sie erreichen wollen. Mit folgenden Fragen können Sie Ihre Zielgruppen definieren:

1. Wen wollen wir mit unserer Öffentlichkeitsarbeit erreichen?

Wer ist unsere Zielgruppe? Was wissen wir von diesen Menschen, ihren Gewohnheiten, Ansichten, ihrer Sprache etc.? Je genauer Sie Ihre Zielgruppe definieren, desto leichter lassen sich Ideen zur Ansprache entwickelt.

2. Warum wollen wir gerade diese Menschen erreichen?

Was ist so wichtig daran, ihnen unsere Vorstellungen und Sichtweisen zu vermitteln? Wie können diese Menschen uns unterstützen?

3. Wie wollen wir diese Zielgruppe erreichen?

Was ist eine angemessene Ansprache? Wie sollen unsere Maß-nahmen die Zielgruppe ansprechen? Wollen wir eher provozieren oder eine sachliche Ansprache verwenden?

4. Welchen Nutzen können wir der Zielgruppe anbieten?

Warum sollte diese Zielgruppe sich mit uns beschäftigen? Was können wir anbieten, um diese Zielgruppe für unser Thema zu interessieren?

5. Wo lässt sich diese Zielgruppe erreichen?

Damit ist der Ort gemeint, an der die Zielgruppe angesprochen werden kann. Ist es leichter, die Menschen in der Innenstadt beim Einkaufen zu erreichen, oder ist ein Stadtteilfest sinnvoller?

6. Wie können wir die anderen Zielgruppen mit bedienen?

Können wir mit einer Aktion mehrere Zielgruppen erreichen? Wie schaffen wir es, verschiedene Zielgruppen unter einen Hut zu bekommen?

7. Was soll am Ende stehen?

Welche Reaktionen wollen wir von unserer Zielgruppe erhalten? Wann ist ein Erfolg erreicht?

So einfach die Beantwortung dieser Fragen auch klingen mag, nehmen Sie sich die Zeit, die Fragen zu stellen und eine Diskussion damit zu strukturieren. Am Anfang mag es langsam vorangehen, aber mit etwas Übung werden Sie feststellen, dass jeder Teilneh-mer darauf achtet, diese Fragen beantworten zu können. Eine bewährte Strategie ist, die Fragen auf ein großen Stück Papier an die Wand zu schreiben und wenn möglich, da hängen zu lassen. Die Gruppe muss sich darauf einigen, bei jedem Vorschlag diese Fragen gleich mit zu beantworten.

Eine Behindertenwerkstatt plant ihre Öffentlichkeitsarbeit im Halbjahresrhythmus in einer internen Abendveranstaltung. Anhand des Fragenkataloges werden Ziele für die nächsten sechs Monate definiert. Im Raum steht die Planung einer öffentlichkeitswirksamen Aktion. Auf die Frage „Wen wollen wir erreichen" beschloss die Gruppe, dass die Anwohner der Einrichtung dieses Halbjahr die

Zielgruppe darstellen soll. Der Hintergrund war, dass einige sich über den Lärm beschwert hatten („Warum diese Menschen?"). Die Frage „Was wollen wir erreichen?" war damit auch schnell geklärt: mehr Toleranz der Anwohner. Danach wurde diskutiert, wie diese Menschen erreicht werden können:

Die Mittel zur Erreichung der Zielgruppe waren beschränkt: Weder verfügte die Einrichtung über einen Etat für Maßnahmen noch waren externe Gelder verfügbar. Positiv war, dass viele ehrenamtliche Helfer zur Verfügung stehen, die hier einbezogen werden konnten (welche Ressourcen stehen zur Verfügung?). Es wurde entschieden, dass ein Hausfest die beste Möglichkeit sei, die Anwohner zu erreichen. Die Kosten sind relativ gering und die vielen ehrenamtlichen Helfer machen diese Aktionsform sinnvoll. Das „Wo?" der Aktion war damit auch schnell geklärt. Die Frage „Welchen Nutzen hat die Zielgruppe von einem Besuch?" führte zu einer Fülle von Anregungen: Es wurde beschlossen, ein im Ort ansässigen Fernsehmoderator einzuladen, um Anwohnern Prominentenkontakt zu ermöglichen. Gleichzeitig soll eine Diskussionsveranstaltung mit verschiedenen Politikern die allgemeine Lärmbelastung im Ort thematisieren. Weitere Aktionstools waren: Angebote für Kinder, eine Tombola mit Preisen, gestiftet von örtlichen Unternehmen, eine Musikgruppe und einiges mehr. Die Diskussion dieser Punkte dauerte eine knappe halbe Stunde und hat allen Beteiligten viel Spaß gemacht. Positiv herausgehoben wurde, dass die Diskussion sehr zielführend war und am Ende ein Ergebnis zustande kam, mit dem sich alle identifizieren konnten.

Leider sieht in der Realität der Weg häufig genau andersherum aus: Jemand kommt mit einer guten Idee und die soll auch umgesetzt werden. Jetzt ist Fingerspitzengefühl gefragt. Die Zielgruppenfragen müssen beantwortet werden, auch wenn es dann passieren kann (und in vielen Fällen wird), dass die gute Idee in sich zusammenbricht. Sie müssen schon im Vorfeld deutlich machen, dass die Beantwortung dieser Fragen kein bloßer Zeitvertreib ist, sondern für das Gelingen einer Aktion extrem wichtig.

3.2 Kernforderungen festlegen

Für Ihren Auftritt in der Öffentlichkeit benötigen Sie präzise Forderungen bzw. schlagende Argumente. Stellen Sie vorher Ihre Kernforderungen mit den wichtigsten Argumenten zusammen. Diese

Kernforderungen müssen Sie dann bei jedem Auftritt vortragen. „Was wir wollen: ‚...'" Wichtig ist, dass Sie immer die gleichen Forderungen vortragen. Wiederholungen bleiben im Gedächtnis haften. Für Sie mag es langweilig erscheinen, aber denken Sie daran, dass die Mehrheit Ihrer Zuhörer Ihren Standpunkt nicht kennt. Sinnvoll ist auch, die Kernforderungen mit Begründungen in einem kurzen Papier festzuhalten. Sie haben dann eine Grundlage für die interne und externe Kommunikation. Und noch ein Tipp: Bleiben Sie sachlich. Das gilt nicht nur für ihre Kernforderungen, sondern für jeden Auftritt. Schwingen Sie nicht die Moralkeule. Menschen werden lieber informiert, als belehrt.

Auf der Veranstaltung der Behinderteneinrichtung wurde das Begrüßungswort vom Vorsitzenden des Fördervereins gehalten. Drei Kernforderungen wurden in der Rede vorgestellt: Lärm muss in der ganzen Stadt bekämpft werden, die Einrichtung soll als lebendige Begegnungsstätte erhalten bleiben, es muss einen Kompromiss zwischen den Interessen der Anwohner und der Bewohner der Einrichtung geben. Diese allgemeinen Forderungen wurden von allen Zuhörern geteilt. Auf Plakaten wurde sie während der Veranstaltung noch mal vorgestellt und jeder war eingeladen, seinen Beitrag dazuzuschreiben. In Kleingruppen wurden mögliche Maßnahmen diskutiert. Ziel war eine einvernehmliche Lösung mit den Anwohnern zu erreichen.

3.3 Den richtigen Auftritt schaffen

Wie Sie bestimmt aus eigener Erfahrung wissen: Der richtige Auftritt entscheidet, oder anders: Der erste Eindruck zählt. Nehmen Sie sich diese Weisheit zu Herzen. Auch Ihr Verein muss sich angemessen präsentieren. Ihr Auftritt muss zum Anlass und zur Zielgruppe passen. Einen Kindergarten können Sie nach innen mit Kinderbildern und kindgerechter Sprache präsentieren. Nach außen, gegenüber Geldgebern oder potentiellen Kunden, müssen Sie mehr Wert auf fachliche Kompetenz legen. Beides miteinander zu verknüpfen, ist die hohe Kunst der Öffentlichkeitsarbeit. Jeder muss bei allen Ihren Auftritten in der Öffentlichkeit sofort erkennen, mit wem er es zu tun hat. Oder anders ausgedrückt:

Wichtig ist der Wiederkennungswert Ihrer Präsentation. Menschen sind Gewohnheitstiere. Wir greifen lieber auf etwas zurück, was uns schon bekannt ist, als dass wir neue Wege ausprobieren. Für Ihre Arbeit bedeutet das, dass Ihr Auftritt aus einem „Guss" bestehen muss. Bei jeder öffentlichen Erscheinung Ihres Vereins müssen die gleichen Bilder erscheinen.

Schon weiter oben wurde erwähnt, dass Öffentlichkeitsarbeit ein vielschichtiger Prozess ist. Ihre Mitarbeiter müssen sich über die Ziele und die Präsentation des Vereins einig sein, das heißt Ihre Mitarbeiter müssen den Auftritt unterstützen. Sie können einen hervorragenden Flyer mit einer Selbstdarstellung Ihres Kindergartens präsentieren, wenn Ihre Mitarbeiter im Gespräch dann aber genau entgegengesetzt agieren, war alle Mühe umsonst.

Das Logo

Auf jedem Schriftstück, dass sie nach außen (und auch nach innen) verteilen, muss Ihr Logo erscheinen. Jeder sieht so sofort, vom wem diese Mitteilung stammt, und nach innen stärkt es das Zusammengehörigkeitsgefühl. Zudem sieht es einfach professioneller aus, wenn ein Logo in Erscheinung tritt. Oder kennen Sie eine Firma, die kein Logo verwendet? Das Logo sollte möglichst einfach gestaltet sein und Bezug zu Ihrer Einrichtung haben. Denken Sie daran, dass es auch in einem kleinen Format oder in Schwarz-Weiß erkennbar bleiben muss.

Die Gestaltung des Logos können Sie in Ihrer Gruppe selber entwerfen oder einer professionellen Agentur überlassen. Letzteres wird normalerweise Kosten verursachen, vielleicht schaffen Sie es aber, eine Agentur zu einer Spende zu überreden. Wenn Sie gemeinnützig anerkannt sind, können Sie zum Beispiel eine Spendenbescheinigung über fünf Arbeitsstunden à 30 Euro ausstellen.

Wenn Sie das Logo selbst gestalten wollen, versuchen Sie professionellen Rat zu bekommen. Jemand mit Erfahrung und einem Auge für grafische Gestaltung wird wertvolle Tipps liefern. Entscheiden sollten Sie allerdings in Ihrer Gruppe.

Mit der Gestaltung des Logos können Sie gleichzeitig einen Diskussionsprozess um die Ziele und Aufgaben Ihres Vereins einleiten.

Briefpapier

Verwenden Sie immer das gleiche Briefpapier. Auch hier soll sich Ihre Gruppe auf eine einheitliche Gestaltung einigen. Wenn vorhanden, nutzen Sie besonderes Papier, aber versuchen Sie nicht, mit farbigem Papier aus dem Copy-Shop Eindruck zu schinden. Das ist weder originell, noch besonders gut lesbar. Wenn Sie die nötigen Mittel zur Verfügung haben, lassen Sie sich Briefpapier mit Ihrem Logo und der Anschrift drucken. Das ist heutzutage nicht mehr teuer und macht einen professionellen Eindruck. Eine andere Möglichkeit ist, das Briefpapier zu Hause selber per Farbdrucker vorzubereiten. Wenn Sie sich für einen Kopf (Name und Adresse) und ein Logo entschieden haben, können Sie eine kleinere Anzahl selbst farbig herstellen. Prüfen Sie vorher aber noch professionelle Angebote. Druckerfarben können extrem teuer werden. Verwenden Sie auch immer den gleichen Schrifttypus. In der Regel werden Briefe in Times New Roman oder in Arial geschrieben. Beides sind Voreinstellungen jedes Textverarbeitungsprogramms. Wenn Sie professionelle Hilfe haben, können Sie sich auch für eine besondere Schriftart entscheiden. Nehmen Sie aber nicht einfach eine Schrift, weil Sie Ihnen so gut gefällt. Viele Schriften sind für Texte nicht geeignet.

Hingucker

Für Veranstaltungen oder sonstige öffentliche Auftritte brauchen Sie ein Transparent oder Ähnliches mit dem Namen Ihres Vereins. Dies dient sowohl der internen Identifikation als auch als Eye-catcher. Sie müssen bedenken, dass viele Ihren Verein nicht kennen. Ein visuelles Bild bleibt im Gedächtnis haften. Ein Transparent mit Aufsteller gibt es schon für unter 100 Euro. Man kann auch einfach selber ein Transparent malen:

Arbeitshilfe:

Hängen Sie den Stoff (Baumwolle oder Plastik ist egal) an die Wand. Wenn Sie einen Beamer haben, können Sie das Bild oder die Schrift direkt an die Wand werfen. Dann die Umrisse ausfüllen und ausmalen. Sie können Ihre Bilder auch über den Computer ausdrucken. Vergrößerungen können Sie entweder über Ihren Drucker einstellen, oder Sie nutzen den nächsten Copy-Shop. Die Vorlagen dann direkt unter den Stoff legen und abmalen.

Statt eines Transparentes dürfen Sie natürlich auch kreativ werden. Warum nicht eine Figur oder einen Gegenstand aus Pappmaché entwerfen? Je größer, desto besser, aber denken Sie an Transport-möglichkeiten. Oder gestalten Sie T-Shirts, mit denen Ihre Mitstreiter auf Veranstaltungen rumlaufen können (sprechen Sie dies aber vorher mit Ihrer Gruppe ab, viele Menschen fühlen sich in einer Art „Uniform" nicht sehr wohl). Versuchen Sie auf jeden Fall, Ihr Logo oder Ihren Namen deutlich zu machen.

3.4 Broschüren und Flyer gestalten

Broschüren und Flyer brauchen Sie für Ihre Selbstdarstellung. Bei jedem Außentermin sollten Sie Infomaterialien über Ihren Verein zur Hand haben.

Ein Flyer ist ein kurzes knappes Papier zu einem besonderen Thema, das kann Ihr Verein sein, die Beschreibung eines Problems etc. Es soll eher Interesse wecken, als zu informieren. Der Leser soll ihn sich schnell nebenbei einstecken können.

Eine Broschüre gestalten Sie, wenn Sie Hintergrundinformationen liefern möchten. Hier können Sie auf mehren Seiten umfangreiche Darstellungen platzieren. Informationen, die im Flyer nicht enthalten sind, setzen Sie in ein Hintergrundpapier oder eine Broschüre. Diese müssen Sie auch nicht an alle verteilen, sondern können sie sparsam an Interessierte weitergeben und damit Kosten sparen. Auch bei einer Broschüre gilt: schreiben Sie nur das Nötigste.

Diese Unterscheidung zwischen Flyer und Brochüre ist deshalb so wichtig, da immer wieder der Fehler auftaucht, zu viel Text auf ein zu kleines Blatt quetschen zu wollen. Machen Sie nicht den gleichen Fehler. Denken Sie vorher daran, was sie mit dem Papier erreichen möchten. Wollen Sie neue Leute ansprechen, auf sich aufmerksam machen etc., reicht ein Flyer. Wollen Sie schon interessierte Men-schen über Hintergründe aufklären, ist eine Broschüre das Richtige. Versuchen Sie nicht, beides in einem zu versuchen.

Auch bei Flyern und Broschüren gilt, dass Sie ein einheitliches Design verwenden müssen. Jeder muss sofort erkennen, dass es sich um eine Veröffentlichung ihres Vereins handelt. Das Logo, die Schrift, die farbliche Gestaltung sollten immer die gleichen sein (das sogenannte Corporate Design). Stellen Sie sich vor, ihre Materialien liegen auf einer Veranstaltung aus. Es sieht einfach besser aus, wenn alle eine ähnliche Struktur aufweisen, als wenn es bunt durcheinandergeht.

- Nutzen sie das KISS-Prinzip: „Keep it short and simple". Weitere Informationen und Hintergründe können Sie im Internet zur Verfügung stellen (siehe weiter unten). Es reicht völlig, wenn Sie sich auf das Wesentliche beschränken.

- Geben Sie immer eine Kontaktadresse an. „Wo bekomme ich mehr Informationen?" – „Wie kann ich mich engagieren?" Hier ist die direkte Ansprache des Lesers sinnvoll.

- Verwenden Sie Eye-Catcher: Das können Bilder, große Überschriften, Slogans, Grafiken, direkte Ansprachen etc. sein. Die Eye-Catcher sollen Aufmerksamkeit erregen. Werbeplakate an Straßen nutzen dieses Prinzip. Finden Sie eine Form, die wieder Ihre Zielgruppe anspricht.

- Nutzen Sie Überschriften und Absätze, um den Text zu gliedern. Die Schrift sollte nicht zu klein gehalten sein. Nicht nur, um zu viel Text zu vermeiden, sondern auch um anderen Menschen das Lesen zu erleichtern (das gilt insbesondere, wenn Ihre Zielgruppe ältere Menschen sind. In den letzten 50 Jahren ist international die Schriftgröße in Zeitungen um 25 Prozent gewachsen). Grundlagen, um Texte lesbar zu gestalten, finden Sie im Absatz „Pressearbeit".

Reicht eventuell auch eine Visitenkarte? Um auf sich aufmerksam zu machen, ist eine Visitenkarte die billigste Möglichkeit. Eine ihrer Kernforderungen und Ihre Kontaktadresse (am besten mit der Möglichkeit, sich weitere Informationen zum Beispiel über das Internet zu holen) reichen völlig aus, um Interesse zu wecken. Visitenkarten gibt es sehr günstig übers Internet oder man kann Vorlagen aus Papier kaufen, die mit dem Computer beschriftet werden.

Bei der grafischen Gestaltung Ihrer Printmaterialien haben Sie freie Hand. Natürlich kann auch ein normales Textblatt den Zweck erfüllen, aber wenn möglich, versuchen Sie etwas Besonderes herzustellen. Die einfachste Möglichkeit einen Flyer zu gestalten finden Sie bei Ihrem örtlichen Pizzabäcker: Ein DIN-A4-Papier quer legen und wie einen Brief dreimal falten. Damit haben Sie einen einfachen Auftritt, den sich jeder in die Jackentasche stecken kann. Es gibt eine Reihe anderer Falttechniken. Alle vorzustellen, würde das Buch sprengen. Sammeln Sie einfach besondere Flyer oder Broschüren, die Ihnen gefallen. Holen Sie sich hieraus Ihre Anregungen und klauen Sie hemmungslos. Alle anderen machen es genauso.

Legen Sie Gestaltungsrichtlinien schriftlich fest. Welche Schrift, welche Bilder sollen verwendet werden? Wo gehört das Logo hin? Solche Hinweise helfen, ein einheitliches Erscheinungsbild zu gewährleisten.

3.5 Vereinszeitung und Newsletter erstellen

Vereinszeitungen, Newletter etc. sind für die Kommunikation nach innen gedacht. Sie kommen nicht umhin, sich diese Arbeit zu machen. Um einen lebendigen Verein zu erhalten, müssen Sie Ihre Mitglieder informieren. Wichtig ist, dass Sie regelmäßig über Ihren Verein berichten. Mitarbeiter wollen an Entscheidungen beteiligt oder wenigstens informiert werden. Mitglieder wollen angesprochen werden. Spender wollen was „in der Hand halten" für ihr Geld.

Regelmäßig sollte ein Newsletter erscheinen. Dieser liefert monatlich oder vierteljährlich Informationen über Ihre Gruppe. Wichtig ist, dass der Newsletter auch für Ihre Zielgruppe interessant ist. Eine bloße Aufstellung der Termine wird niemand mehr als einmal lesen. Bieten Sie eine Zusammenfassung Ihrer Aktivitäten und einen Ausblick auf die nächsten Monate. „Was passiert wo?" Geben Sie Orte und Termine der nächsten Versammlungen an. Platzieren Sie Angebote zum Mitmachen. Begrüßen Sie neue Mitglieder, zeigen Sie Ihre Erfolge, etc. Vergessen Sie nicht, eine Kontaktadresse anzugeben und wo es mehr Informationen gibt.

Einmal im Jahr muss ein Rechenschaftsbericht erstellt werden. Hierin beschreiben Sie, was im letzten Jahr alles passiert ist: Finanzen, Mitgliederzahl, Aktivitäten, Erfolge (!) und Ausblick ins nächste Jahr. Schauen Sie sich einfach ein Vereinszeitung in Ihrer Umgebung an und kopieren Sie den Aufbau.

Die Gestaltungsrichtlinien für die externe Kommunikation gelten auch für Ihre Kommunikation nach innen: „keep it short an simple". Das Wichtigste muss auf den ersten Blick erkennbar sein. Den Rechenschaftsbericht können Sie Ihrer Vereinszeitung beilegen. Je nach Größe der Gruppe können Sie diese in kleineren oder größeren Abständen publizieren (bei Geldmangel: per Internet reicht). Wenn Sie nur eine kleine Gruppe sind, brauchen Sie natürlich keine Vereinszeitung. Versenden Sie aber Protokolle der letzten Treffen. Dies sollten Sie auf jeden Fall machen. Sie erreichen damit eine Kontrolle der Beschlüsse, Verantwortlichkeiten werden festgelegt und sind somit für jeden sichtbar (wichtig!). Und nicht zuletzt gibt es auch nicht Anwesenden die Möglichkeit sich auf dem Laufenden zu halten (mehr hierzu im Kapitel Lobbyarbeit im eigenen Team).

3.6 Im Internet auftreten

Ein Problem gibt es immer wieder bei der internen (und auch der externen) Kommunikation: Sie ist aufwendig und damit in der Regel auch teuer. Texte müssen erstellt, abgestimmt und abgeschickt werden. Portokosten für die Verschickung wollen bezahlt werden. Von der Arbeit der Adresspflege und des Eintütens ganz zu schweigen. Ein Weg, sich Arbeit zu ersparen, ist das Internet. Nutzen Sie das Internet. Es kann Ihnen viel Arbeit ersparen und erleichtert die Kommunikation nach innen und nach außen. Achten Sie aber wieder auf Ihre Zielgruppe: Ältere Menschen fühlen sich häufig mit der Technik überfordert. Aber auch hier ist nicht alles gegeben:

Ein Sozialverein bot in Kooperation mit der örtlichen Volkshochschule Computer- und Internetkurse für Vereinsmitglieder an. Diese Kurse wurden gerne genutzt und waren ein durchschlagender Erfolg. Die Pflege und Betreuung des Internetauftritts übernahmen Kursteilnehmer, die Spaß an dem Gelernten gefunden hatten. Zudem wurde diese Möglichkeit über Freunde und Bekannte weitergetragen, so dass der Verein neue Mitglieder gewinnen konnte.

Sie haben mit der Nutzung des Internets zudem den Vorteil, dass Sie die interne Kommunikation per E-Mail erledigen können. Wenn Sie sich einen E-Mail-Verteiler anlegen, sparen Sie nicht nur

Druck- und Portokosten, sondern zudem den Aufwand die Briefe zu adressieren. Versuchen Sie also ihre Mitglieder von dieser Kommunikationsform zu überzeugen. Nutzen Sie das Kostenargument. Diejenigen, die partout das Internet nicht nutzen möchten, müssen Sie natürlich weiterhin schriftlich ansprechen. Eventuell sind diese Menschen ja bereit, sich an der Arbeit zu beteiligen?

Die eigene Seite gestalten

Eine eigene Internetseite zu kreieren ist leider nur etwas für Fachleute. Zwar gibt es sehr gute Programme, die auch Anfängern einfache Seiten möglich machen. Doch für einen professionellen Auftritt ist das meist zu wenig und der Teufel steckt im Detail. Will heißen, es wird immer wieder zu Problemen kommen, die Sie ohne Erfahrung nicht lösen können. Wenn Sie kein Interesse haben, sich in diese Programme einzuarbeiten, lassen Sie es lieber gleich bleiben. Schauen Sie sich stattdessen in Ihrem Bekanntenkreis um. Normalerweise findet sich immer jemand, der über die nötige Kompetenz verfügt. Wer hat zum Beispiel Kinder, die mit dem Computer umgehen können? Oder wer arbeitet im Büro? Jede Wette: in nächster Nähe findet sich jemand. Sie können natürlich auch professionelle Hilfe in Anspruch nehmen. Ein einfacher Internetauftritt ist nicht mehr teuer. Kleinere Werbeagenturen oder Designstudios haben häufig günstige Angebote. Legen Sie genau fest, was Sie möchten und welche Funktionen die Seite besitzen muss. In der Regel werden Stundensätze berechnet. Wenn immer neue Funktionen hinzukommen, kann es schnell teuer werden. Wie Ihr Internetauftritt aussehen soll, bleibt Ihnen überlassen. Schauen Sie sich ähnliche Seiten an und übernehmen Sie die Dinge, die Ihnen gefallen. Vermeiden Sie aber Anfängerfehler:

– Viele Internetseiten sind sehr bunt und damit schlecht zu lesen. Glücklicherweise sind farbige Hintergründe und bunte Schriften aus der Mode gekommen. Versuchen Sie, nicht zu viel Farbe ins Spiel zu bringen.
– Auch gibt es viele Seiten, die mit Funktionen überladen sind. Nutzen Sie nicht alle Gimmicks, die Ihnen ein Programm zur Verfügung stellt. Wer sich erst in einem blinkenden Etwas zurechtfinden muss, hat schnell keine Lust mehr zu suchen.

- Faustregel: Innerhalb von drei Klicks muss die gesuchte Information auf einer Seite gefunden sein.

Kreieren Sie eine Seite, die auch Ihrem Profil entspricht. Nutzen Sie wieder Ihre Gestaltungsrichtlinien. Ein Kindergarten braucht sicher keine technisch perfekte Seite als Aushängeschild. Eine Werbeagentur hingegen schon. Ein Tipp zum Schluss: Das Programm für die Internetseite sollte einfache Funktionen enthalten, mit der Sie selbst Texte oder Bilder einstellen können. Es verschlingt viel Zeit und Arbeitskraft, wenn dies ein Fachmann machen muss.

Checkliste.
Was muss eine Internetseite bieten?

- *Eine Selbstdarstellung des Vereins mit Zielen und Forderungen,*

- *die wichtigsten Ansprechpartner mit Bild,*

- *Kontaktadresse des Vereins (bei Gemeinnützigkeit Spendenkonto),*

- *Termine wichtiger Ereignisse und Treffen,*

- *Möglichkeiten zum Mitmachen. Versuchen Sie auch hier konkrete Angebote und Kontaktadressen anzubieten. Je geringer die Einstiegshöhe für neue Mitstreiter, desto besser,*

- *einen Pressebutton (siehe Kapitel Pressearbeit),*

- *die wichtigsten Daten und Fakten zum Herunterladen,*

- *weiterführende links.*

3.7 Aufmerksamkeit erregen

Sie haben nun alle Voraussetzungen erfüllt, um in der Öffentlichkeit in Erscheinung zu treten. Jetzt müssen Sie nur noch aktiv werden. Dies ist nicht so schwer, wie es auf dem ersten Blick aussieht. Ob einem seitens der Öffentlichkeit Aufmerksamkeit geschenkt wird, hängt ab von:

- der Bedeutung des Themas – Die Verkehrspolitik der Bundesrepublik ist nur für wenige Menschen interessant. Der Neubau einer Umgehungsstraße ist jedoch für viele Menschen in der Region ein Thema.
- dem Zeitpunkt – Wenn die Straße erst in fünf Jahren gebaut werden soll, ist nur wenig Aufmerksamkeit zu erreichen. Anders sieht es aus, wenn die Planungen bekannt gegeben werden. Dann ist Aufmerksamkeit garantiert.
- der Prominenz der Personen oder der Organisation – Wenn der Bürgermeister auf einer Veranstaltung erscheint, wird das mehr Leute anziehen, als wenn „nur" der Vorsitzende des Vereins eine Rede hält.
- der Originalität oder dem Unterhaltungswert eines Ereignisses oder Vorschlag – Der berühmte Sack Reis, der in China umfällt, wird nicht beachtet. Fällt der gleiche Sack Reis jedoch im Ort um, ist drei Meter groß und macht Werbung für den Dritte-Welt-Laden, sieht die Sache anders aus.
- und nicht zuletzt der Öffentlichkeitsarbeit, die investiert wird. Auch die langweiligste Nachricht kann mit guter Öffentlichkeitsarbeit Verbreitung finden. Peppen Sie Ihre Nachricht mit einem originellen Ereignis, einer interessanten Person etc. auf.

Prüfen Sie Ihre Arbeit nach diesen Punkten. Wenn Sie alle fünf Punkte abhaken können, ist der Erfolg garantiert. Das wird nicht immer möglich sein. Wenn Sie aber auch nur einen Punkt hervorragend erfüllen, wird der Erfolg sich einstellen.

3.8 Anlässe schaffen oder nutzen

Was Sie brauchen, ist ein Anlass, um in der Öffentlichkeit in Erscheinung zu treten. Sie können Anlässe nutzen oder selber schaffen.

1. Anlässe schaffen

Ein Anlass kann eine Veranstaltung, ein Infoabend, ein Infostand, eine Briefaktion etc. sein. Sie müssen sich ein Ereignis schaffen, um auf sich aufmerksam zu machen. Einkaufszentren engagieren einen Schlagerstar, bieten billiges Bier und Bratwurst an und versuchen dadurch Kunden anzulocken. Auf das Niveau müssen Sie sich nicht unbedingt begeben. Sie müssen sich jedoch etwas einfallen lassen, um die Aufmerksamkeit der Menschen zu erreichen. Ein Vortrag über Ihr Thema im Vereinsheim lässt zwar interessierte Menschen kommen (Kernzielgruppe), weitere Aufmerksamkeit werden Sie aber nicht erreichen. Suchen Sie Wege abseits ausgetretener Pfade. Was auch immer Sie planen, nutzen Sie die Tipps und Tricks aus dem Kapitel Strategie.

Kontraste fallen auf: Ein Krankenhaus in Kenia sammelte Spenden für deutsche Obdachlose. Im Zuge der Hartz-IV-Reformen wurden Mitarbeiter auf die angeblich prekäre Situation der Menschen in Deutschland aufmerksam. Es wurden über 1000 Euro gesammelt und als Dank für deutsche Unterstützung in Kenia an eine Obdachloseninitiative überwiesen. Das Krankenhaus war in allen deutschen Tageszeitungen vertreten. Gute Öffentlichkeitsarbeit?

2. Anlässe nutzen

Bestehende Ereignisse zu kommentieren oder für eigene Aktionen zu nutzen, ist eine einfachere Möglichkeit, um Aufmerksamkeit zu erregen. Bleiben Sie auf dem Laufenden und schreiben Sie sich in Ihren Terminkalender, welche kommenden Ereignisse interessant sein könnten. Das muss nicht immer etwas mit Ihrer Sache direkt zu tun haben. Auf dem Stadtfest können Sie mit einem Stand vertreten sein. Die Einweihung einer neuen Straße können Sie mit Ihren Vorschlägen kommentieren, wie das Geld besser hätte eingesetzt werden können. Auch hier müssen Sie kreativ sein (oder suchen Sie andere Initiativen und schauen Sie, was die für Ideen entwickelt haben). Wichtig ist nur, dass Sie Ihren Verein ins Rampenlicht bekommen.

Die Förderer und Mitglieder sowie zwei Dutzend Jugendliche des örtlichen Jugendclubs halfen beim Sommerfest der örtlichen Behinderteneinrichtung. Sie schenkten Getränke aus, übernahmen die Verpflegung, legten Musik auf und gaben kleinere Commedy-Einlagen zum Besten. Alle waren durch T-Shirts mit dem Emblem des Jugendclubs zu erkennen. So konnte mit einer guten Tat für den Jugendclub geworben werden. Da viele Anwohner kamen und auch die örtlich Politik vertreten war, konnten die wichtigsten Zielgruppen erreicht werden. Zudem schrieb die örtliche Presse einen positiven Kommentar. Bei den nächsten Budgetverhandlungen der Stadt wurde der Zuschuss zum Jugendtreff erhöht (und auch der Zuschuss zur Behinderteneinrichtung).

Tipps und Tricks zur Planung und Durchführung einer Veranstaltung

Vorher:

- Definieren Sie Ihre Zielgruppe. Dies wurde weiter oben schon ausführlich dargelegt, aber doppelt hält besser.
- Planen Sie mit den Personen, die später auch dabei sein sollen, man kann es nicht oft genug sagen.
- Überlegen Sie sich vorher, wie viele Aktive Sie motivieren können. Eine Demonstration mit zehn frustrierten Menschen wirkt einfach traurig. Kleinere Aktionen mit nur zwei bis drei Menschen können auch wirken.
- Haben Sie einen Notfallplan. Irgendwas geht immer schief. Wer kann fehlende oder kaputte Teile (zum Beispiel Kabel) schnell ersetzen?
- Verteilen Sie Verantwortlichkeiten und machen Sie diese deutlich. Wer ist wofür verantwortlich? Wer hat die Koordination inne? Sie können diese Personen auch das Kompetenzteam nennen. Jeder muss wissen, an wen er sich im Ernstfall wenden kann.
- Geben Sie eine zentrale Handynummer bekannt, an dem am Tag der Veranstaltung der Koordinator der Aktion zu erreichen ist.

Während der Aktion:

- Begrenzen Sie die Dauer der Veranstaltung. Ein Infostand kann auch nur für drei Stunden während der Haupteinkaufszeit präsent sein.
- Kleine Aufmerksamkeiten erhöhen die Motivation. Vielleicht hat ja jemand Lust Kekse oder Kuchen mitzubringen. Kaffee oder

Tee ist auch nicht verkehrt. Oder eine lustige Urkunde für die erfolgreiche Teilnahme an der Aktion ...

- Fangen Sie zeitig an. Die Vorbereitung dauert immer länger, als man denkt. Und in der Regel sind die wenigsten pünktlich. Aber vermeiden Sie Lehrlaufphasen. Wenn alle erst zwei Stunden rumstehen müssen, bevor es losgeht, ist das frustrierend. Nicht jeder muss von Anfang an dabei sein.

- Denken Sie daran, schriftliches Material und Kontaktadressen dabeizuhaben. Insbesondere für die Presse ist dies wichtig. Mehr siehe Kapitel Pressearbeit.

- Sagen Sie eine Aktion auch einfach ab, wenn sichtbar wird, dass die ganze Sache in die Hose gehen wird. Ein Infostand in strömendem Regen ist für keinen der Beteiligten eine angenehme Sache. Stellen Sie aber sicher, dass auch alle davon erfahren.

Danach:

- Werten Sie Ihre Aktion aus, zum Beispiel in einem kurzen Nachtreffen, verteilen Sie evtl. Presseartikel, was kann beim nächsten Mal besser laufen, wer möchte beim nächsten Mal aktiv werden?

IV. Pressearbeit und Wege in die Presse

1. Warum ist Pressearbeit so wichtig?

Nachrichten in den Medien sind nur noch selten auf eigenen Recherchen der Journalisten gewachsen. Vergessen Sie vorweg gleich die Filme, in denen Journalisten nachts in Gebäude einsteigen. Leider gibt es für solche Romantik kein Gehalt mehr (und auch früher war das bestimmt die Ausnahme). Nachrichten werden heutzutage von Agenturen erstellt oder direkt an die Journalisten bzw. Redakteure herangetragen. Hier liegt Ihre Chance und Ihr Problem gleichermaßen: Ihre Chance, da sie mit gut gemachten eigenen Nachrichten relativ einfach in die Presse kommen. Ihr Problem, da Sie Pressearbeit machen müssen – so wichtig Ihr Thema auch ist. Von alleine wird kaum ein Journalist bei Ihnen vorbeikommen.

Trotzdem bleibt die Frage, warum Pressearbeit so wichtig ist? Hier ein paar Antworten:

Werbung machen

Wer weiß überhaupt von Ihnen? In der Regel verfügen lokale Organisationen über keinen Werbeetat. Warum auch? Schließlich soll die Sache unterstützt werden und keine Werbeagentur. Nur, wenn keiner von Ihnen gehört hat, weiß auch keiner, dass es Sie gibt. Hier hilft Ihnen die Presse weiter. Mit Pressemeldungen können Sie für Ihre Sache werben. Einfach gesagt sind Nachrichten, die die Presse über sie fabriziert, billige Werbung (inwieweit der alte Werberspruch: „Schlechte Presse ist besser als gar keine Presse" wirklich stimmt, soll hier nicht diskutiert werden).

Mitstreiter gewinnen, Förderer erreichen

Ihr Ziel muss sein, Ihre Sache möglichst vielen Menschen bekannt zu machen, Unterstützer zu gewinnen oder zu halten und auch neue

Mitstreiter zu finden. Gerade das Betreuen von Förderern und Mitgliedern wird häufig unterschätzt (siehe Kapitel Lobbyarbeit im eigenen Verband). Wenn Sie oft in den Lokalmedien auftauchen wird Ihre Organisation auch wahrgenommen. Menschen erfahren so, dass Ihr Anliegen wichtig ist, und sind im Idealfall auch bereit Sie aktiv zu unterstützen.

Eine Analyse der Öffentlichkeitsarbeit von Greenpeace hat ergeben, dass fast zwei Drittel aller Artikel über die Umweltschutzorganisation inhaltlich auf Pressemitteilungen zurückgehen. Ohne die Pressearbeit wäre sicher weitaus weniger über die Arbeit von Greenpeace berichtet worden.

Druck auf Entscheider machen

Sie werden bestimmt schon die Erfahrung gemacht haben, dass es Punkte gibt, an denen Sie mit guten Sachargumenten nicht weiterkommen. Man vertröstet Sie, sprich sich selbst und Ihnen die Kompetenz ab, verleugnet das Problem etc. Hier müssen Sie öffentlichen Druck aufbauen, um Entscheider zu bewegen ihren Job zu machen: zu entscheiden – und zwar in Ihrem Sinne. Politiker sind auf ihre Wähler angewiesen, die Wirtschaft auf ihren guten Ruf bei den Konsumenten und die Verwaltung auf ihren guten Ruf bei ihren Vorgesetzten, letztendlich der Politik. Können Sie die Öffentlichkeit über die Medien wachrütteln, haben Sie die halbe Miete.

Und nicht zuletzt: Eigenmotivation

Unterschätzen Sie nie die Wirkung, die eine gute Pressemeldung auf Sie und auf Ihr Team ausübt. Jeder sieht oder hört sich gerne im Fernsehen, in der Zeitung oder im Radio. Wäre es nicht so, könnte ein Großteil der Sendungen nicht funktionieren. Man denke nur an die unsäglichen Talkshows am Nachmittag, wo Menschen ihre intimsten Geheimnisse ausbreiten, um einmal im Leben ins Fernsehen zu kommen. Eine gut gelungene Aktion oder Veranstaltung motiviert jeden, der dabei war. Eine positive Meldung im örtlichen Tageblatt oder noch besser im Regionalfernsehen stellt für viele Menschen das Sahnehäubchen dar.

Schwierigkeiten

Angesichts der heutigen Nachrichtenflut ist es allerdings kein leichtes Unterfangen, in die Nachrichten zu kommen. In Afrika sterben Millionen Menschen an leicht zu heilenden Krankheiten, doch kaum jemand berichtet darüber. Ein Skandal in der Wirtschaft, bei dem hundert Millionen Euro einfach verschwunden sind, bleibt drei Tage ein Thema. Danach beherrscht eine neue Schlagzeile die Medien. Achten Sie mal darauf, wie schnell Nachrichten wieder verschwinden. Darüber kann man lamentieren oder den Journalisten bzw. den Redakteuren die Schuld geben. Aber im Endeffekt sind die Leser, also wir alle, das entscheidende Kriterium. Wir haben nicht die Zeit, Lust und Energie uns um alles einen Kopf zu machen. Und auch Sie werden es im Laufe Ihrer Arbeit immer wieder merken: Das, was Sie als unglaublich wichtig ansehen, interessiert die meisten Menschen nicht. Lassen Sie sich dadurch nicht entmutigen. Wenn Sie nur einen Bruchteil der Menschen erreichen, ist schon viel gewonnen.

Medien können Ihnen die notwendige öffentliche Aufmerksamkeit sichern. Mit einer guten Pressearbeit liefern Sie Ihrer Zielgruppe – den Journalisten und Journalistinnen – Informationen und können Ihr Thema forcieren.

2. Welche Medien sind interessant?

Die Medienlandschaft ist vielfältig. Nutzen Sie für Ihre Pressearbeit das gesamte Spektrum der Medien Ihrer Region: Zeitungen, Radio und Fernsehen. Angesichts eines knappen Zeitbudgets müssen Sie sich in der Regel aber auf die für sie relevanten konzentrieren. Am interessantesten für Ihre Arbeit sind die Zeitungen. Rundfunk und Fernsehen sind in der Regel schwieriger zu erreichen. Deshalb, abgestuft nach Wichtigkeit für Ihre täglich Arbeit, im Folgenden eine Kurzübersicht:

Printmedien

Als Printmedien werden Tageszeitungen, Wochenblätter und Journale bezeichnet. Es gibt lokale, regionale, landes- und bundesweite Printmedien. Für Ihre Arbeit ist wichtig, Ihre Nachrichten an die richtigen Adressaten zu bekommen. Wenn Sie lokal agieren, wird ein überregionaler Zeitungsleser wenig Interesse an Ihren täglichen Problemen aufbringen. Doch auch hier gibt es wieder ein Aber: Sie können es schaffen, Ihr Thema überregional in der Presse zu platzieren.

Die Bürgervereinigung gegen das Bombodrom in Brandenburg haben Ihr Thema in die deutschlandweiten Nachrichten bekommen. Seit Jahren schaffen es die ortsansässigen Anwohner mit immer neuen Protestformen und guter Medienarbeit die Wiederinbetriebnahme des ehemaligen Bombenabwurfplatzes der DDR zu verhindern. Die überregionale Berichterstattung trug dazu bei, dass das Thema auch im Bundestag verhandelt wurde. Dadurch entstand neuer Druck auf die Bundeswehr, den Platz nicht weiter zu nutzen. Mit rein regionaler Arbeit wäre dies nicht zu schaffen gewesen.

Ihr wichtigster Ansprechpartner ist trotzdem natürlich die örtliche Tageszeitung. Die Rubrik „Lokales" ist laut Umfragen der Grund, warum die meisten Menschen ein örtliches Blatt abonnieren. Reporter in dieser Sparte suchen Nachrichten aus der Umgebung. Ihre Chance! Haben Sie auch ein Auge auf kostenlose Anzeigenblätter oder Bezirkszeitungen. Nicht jeder Haushalt hat eine Tageszeitung abonniert und wirft alles andere ungelesen in den Papiermüll. Viele Menschen lesen die kostenlosen Blätter, weil sie sich mit dem eigenen Bezirk beschäftigen oder einfach nur, weil sie in ihrem Briefkasten landen. Die Redaktionen dieser Blätter sind in der Regel hoffnungslos unterbesetzt. Zeit für aufwendige Recherchen ist nicht vorhanden. Da der Schwerpunkt der Blätter auf dem Anzeigenmarkt liegt, wird die redaktionelle Arbeit eher als Beiwerk betrachtet. Gerade an Journalisten in diesem Bereich kommen Sie mit einer gut gemachten Pressearbeit bestens ran. Achten Sie in Ihrer Region auf:

- Anzeigenblätter (der redaktionelle Teil geht fast ausschließlich auf Pressemitteilungen zurück),
- Kostenlose Bezirkszeitungen (mit hohem lokalen Bezug werden sie von vielen gelesen),
- Stadtmagazine oder Schülerzeitungen (für die jüngere Zielgruppe)
- Kirchenzeitungen (die auch über das Leben in der Gemeinde berichten),
- Vereinsrundschreiben (Sportverein, Feuerwehr etc.),
- etc.

Überregionale Tageszeitungen oder Journale anzusprechen stellt sich schwieriger dar. Unter Journalen werden Zeitschriften wie der Spiegel, Stern, aber auch Mode- oder Fernsehzeitschriften verstanden. Machen Sie sich vorher klar, ob Ihr Thema eine überregionale Bedeutung besitzt. Ist es für Leser außerhalb Ihrer Region interessant? Wenn nicht, lassen Sie es lieber. Wenn die anvisierte Zeitung einen Lokalteil besitzt, sieht die Sache natürlich anders aus. Aber: Selbst ein Bericht in einer Bezirkszeitung kann dazu führen, dass ein größeres Blatt das Thema aufgreift. Alle Medien sind ständig auf Themensuche und lesen aufmerksam andere Zeitungen. Das gehört in jeder Redaktion zum Arbeitsalltag. Machen Sie es sich einfach: Schauen Sie sich die Printmedien in Ihrer Region an und versuchen Sie alle in Ihre Arbeit mit einzubeziehen.

Die Untersuchung der Berichterstattung über Greenpeace hat ergeben, dass besonders die regionalen und lokalen Tageszeitungen über die Arbeit der Umweltschutzorganisation berichtet haben.

Rundfunk

Fast jeder Mensch hört Radio. Die Besonderheit dieses Mediums liegt darin, dass es in der Regel nebenbei, also neben den täglichen Arbeiten oder Routinen wahrgenommen wird. Im Gegensatz zur Zeitung dient das Radio der Unterhaltung und weniger der Information. Konzentrieren Sie sich auf die lokalen Sender. Diese sind immer auf der Suche nach aktuellen Themen aus Ihrer Region. Es gelten die gleichen Bedingungen wie bei den Printmedien: Prüfen Sie vorher, ob Ihre Nachricht auch für weiter entfernt lebende Menschen interessant ist.

In vielen Gegenden gibt es die Offenen Kanäle. Diese werden in der Regel unabhängig von staatlichen oder wirtschaftlichen Zwängen betrieben. Ebenfalls steht theoretisch jedem die Möglichkeit offen, selber Beiträge zu senden. Überlegen Sie sich vorher genau, ob es sich lohnt einen eigenen Beitrag zu entwickeln. Informieren Sie sich über die Verbreitung des Senders. Meist bestehen die Zuhörer nur aus einer sehr kleinen, speziellen Klientel. Entscheider in Politik und Verwaltung gehören häufig nicht dazu. Trotzdem soll hier nicht die oft ehrenamtliche Leistung der Akteure geschmälert werden. Ein längerer Beitrag im Offenen Kanal kann entscheidend zur Motivation Ihrer Gruppe beitragen. Auch können diese Beiträge auf Veranstaltungen vorgeführt werden. Wenn Sie Interesse haben, nehmen Sie Kontakt mit den Mitarbeitern ihres Senders auf. Prüfen Sie ob, Möglichkeiten zur Kooperation bestehen.

Eine Besonderheit sind noch die Inforadios. Hier besteht die Möglichkeit auch längere Beiträge mit Ihrem Thema zu platzieren. Allerdings gilt auch hier: ist Ihre Nachricht für eine größere Zuhörerschaft interessant? Prüfen Sie vorher das Verbreitungsgebiet des Senders.

Fernsehen

Ihre wichtigste Zielgruppe sind zuallererst die regionalen Sender: NDR3, SWR, RBB etc. Auch hier sind die Reporter immer auf der Suche nach lokalen Ereignissen, die die Zuschauer interessieren könnten. Auch hier gilt: Nachrichten müssen auch für weiter weg wohnende Menschen interessant sein.

Auch beim Fernsehen gibt es die sogenannten offenen Kanäle,

hier bieten sich die gleichen Chancen und Hindernisse wie bei den Radios. Bei deutschlandweit aktiven Sendern (sowohl den öffentlich-rechtlichen als auch den privaten) ist es sehr schwer, ein Thema zu platzieren. Hier aktiv zu werden, lohnt sich nur in Ausnahmefällen. Einzige Ausnahme sind bei einigen privaten Sendern die Regionalprogramme.

In den folgenden Kapiteln erfahren Sie am Beispiel des Mediums Tageszeitung, wie Sie die Medien für Ihr Anliegen begeistern können. Die Besonderheiten von Rundfunk und Fernsehen werden am Ende vorgestellt.

3. Der Journalist – das unbekannte Wesen?

Wer ist eigentlich „der Journalist"? Und wo kommen Journalisten eigentlich her? Um zum Beispiel an der renommierten Henri-Nannen-Journalistenschule in Hamburg angenommen zu werden, braucht es in der Regel einen Hochschulabschluss. Ohne Uni-Abschluss ist die Chance gering, bei einer Tageszeitung anfangen zu können. Um die Regeln guter Pressearbeit zu verstehen, werfen wir erst mal einen Blick auf die Arbeit eines typischen Journalisten (von der Struktur der Arbeit her sind sich Journalisten in Rundfunk, Fernsehen und Tageszeitung sehr ähnlich):

Herr Gunne ist seit vielen Jahren Journalist bei einer bekannten Tageszeitung im Südwesten Deutschlands. Vor seinem Studium der Politikwissenschaft mit Schwerpunkt Journalistik war er Praktikant bei verschiedenen Medien. Seine erste Anstellung war ein Volontariat bei einer kleinen Regionalzeitung. Nach dem zweijährigen Volontariat hatte er im Gegensatz zu vielen seiner anderen Kollegen Glück und wurde von der Zeitung übernommen. Jetzt ist er verantwortlich für den Lokalsport in seinem Heimatkreis. Der Redaktionsalltag folgt meist den gleichen Routinen:

Morgens zwischen neun und halb zehn beginnt sein Arbeitstag in der Redaktion. Als Erstes geht er seine Post und seine E-Mails durch, verschafft sich einen Überblick und sichtet die Termine des Tages. Der Poststapel wird von Jahr zu Jahr kleiner, dafür überrascht ihn heute eine Flut von ca. 150 E-Mails. Glücklicherweise kann er die meisten gleich wieder löschen, da sie für seinen speziellen Bereich nicht interessant sind. Die anderen überfliegt er kurz und weiß in der Regel schon nach drei Sätzen, welche gleich weiter in den virtuellen Papierkorb wandern können. Die Agenturmeldungen verdienen besondere Beachtung.

Danach steht die Seitenplanung auf dem Programm, bei bis zu acht Seiten pro Tag ein wichtiger Bereich seiner Arbeit. Mitarbeiter werden kontaktiert, Fotoreporter eingesetzt, Termine und Geschichten arrangiert. Irgendwann ist Mittagspause – oder auch nicht, der Zeitpunkt hängt vom aktuellen Geschehen ab. Die

Themen stehen zu diesem Zeitpunkt fest. Jetzt heißt es auszuloten, wer zu welchen Veranstaltungen fährt, wo Bilder benötigt werden oder wo es reicht, eine Meldung einfach zu übernehmen. Herr Gunne überlegt, ob es sich lohnt, selbst zu einer Veranstaltung zu fahren. Da die Presseeinladung interessant klingt und auch der Bürgermeister anwesend ist, entscheidet er sich dafür. Das ergibt ein gutes Bild für die erste Seite und damit kann man auch einen längeren Text garnieren. Er schreibt schon mal den Artikel vor und macht das Layout. Für die anderen Seiten redigiert er Material von freien Mitarbeitern sowie von Vereinen und Agenturen, schreibt weitere Artikel (Umfragen, Geschichten, Hintergrund, Interviews, Vorankündigungen), telefoniert und organisiert, bevor um 18 Uhr die Seiten weitgehend stehen. Nun hat er zwei Stunden frei, um 20 Uhr muss er wieder bei einer Veranstaltung sein. Diese ist um 22 Uhr zu Ende. Bis 23 Uhr (dann ist Druckbeginn) hat er Zeit, um das letzte „Loch" auf seiner Seite mit dem Abendbericht zu füllen. Merke: Journalisten haben Arbeitszeiten, die sich stets nach der Aktualität richten. So ist vor allem das Wochenende oftmals von Terminen „überwuchert".

Unser fiktives Beispiel hat allerdings eine Schwachstelle: Viele Journalisten sind heutzutage nicht mehr fest angestellt, sondern als sogenannte freie Redakteure tätig. Freie Journalisten werden erfolgsorientiert bezahlt, d.h. sie bekommen Geld, wenn ein Artikel von ihnen veröffentlicht wird. Wenn Sie Glück haben, gibt es ein Grundgehalt, welches erfolgsunabhängig gezahlt wird, zum Leben jedoch nicht ausreicht.

Die wichtigsten Eckdaten der Arbeit von Journalisten:
- *Journalisten müssen aus einer Vielzahl von Themen die interessantesten auswählen.*
- *Bis Mittag werden die Meldungen aussortiert, danach „stehen" die Seiten.*
- *Agenturmeldungen und Pressemitteilungen sind die wichtigsten Informationsquellen.*
- *Die wichtigsten Kommunikationsmittel bei der täglichen Arbeit sind E-Mails, gefolgt von Fax und Telefon.*
- *Photos und Originalzitate sind wichtig für die Arbeit.*

Zum Umgang mit Journalisten

„Nicht das ist erstaunlich, dass es viele menschlich engleiste oder entwertete Journalisten gibt, sondern dass trotz allem gerade diese Schicht eine so große Zahl wertvoller und ganz echter Menschen in sich schließt. Wie Außenstehende es nicht leicht vermuten."
Max Weber, berühmter Soziologe, 1919.

Liefern Sie Hilfe

Journalisten sind ständig auf der Suche nach Neuigkeiten, nach Geschichten. Das ist ihr Beruf. Allerdings sind sie aus Zeitmangel immer öfter dazu gezwungen, aus einem übergroßen Informationsangebot Themen auszuwählen und mediengerecht aufzubereiten, anstatt sie selbst zu recherchieren und zu kreieren. Ihre Chance für gute Pressearbeit. Sie können den Journalisten bei der Suche behilflich sein. Liefern Sie ihnen Informationen und Geschichten.

Freie Journalisten werden bezahlt, wenn ein Artikel von ihnen veröffentlicht wird. Wenn ein Journalist auf einer Ihrer Veranstaltungen auftaucht, hat er demnach ein großes Interesse daran, einen Artikel zu veröffentlichen. Helfen Sie ihm, indem Sie ihm für Fragen zur Verfügung stehen und ihm vor Ort weitere Ansprechpartner (z.B. betroffene Anwohner) vermitteln.

Sie sind der Experte

Journalisten sind keine Spezialisten. Häufig müssen sie eine Fülle von Themen bearbeiten und sind deshalb für jede Unterstützung dankbar. Versuchen Sie den Journalisten komplizierte Zusammenhänge so zu erklären, dass sie diese den Lesern erläutern können. Auch wenn Journalisten Fragen zu Themen haben, die sich nicht direkt auf Ihre eigene Arbeit beziehen: Versuchen Sie weiterzuhelfen. Eventuell kennen Sie Menschen, die ein ähnliches Thema bearbeiten.

Besonders auf lokaler Ebene sind die Medien in hohem Maß auf die Informationsleistung von Organisationen und Verbänden angewiesen.

Arbeiten Sie gemeinsam

Arbeiten Sie also mit der Presse zusammen. Ein kooperativer Stil bewährt sich in der Regel. Der Journalist muss nicht über Ihren Verein berichten. Sie sind dagegen auf die Presse angewiesen. Daraus erklärt sich auch die Hassliebe vieler Menschen, die in der Öffentlichkeit stehen, zu der „Journaille". Einerseits ist man auf eine gute Presse angewiesen, andererseits sucht die Presse die Nachrichten, den Skandal. Unvergessen die Bemerkung des englischen Prinzen Charles bei einem Phototermin: „Ich hasse diese Bestien". Leider übersah er dabei, dass das Mikrofon vor ihm noch angeschaltet war. Kurz zusammengefasst: Im Grunde haben Sie und die Medien das gleiche Ziel. Sie wollen die Öffentlichkeit über wichtige Themen informieren.

Schaffen Sie sich Ihr Netzwerk

Sie müssen es schaffen, sich als Kommunikationspartner zu etablieren, der Informationen aufbereitet, Zusammenhänge herstellt und Hintergründe erläutert. Sie können Ihre Pressemitteilungen noch so perfekt formulieren: Wenn Sie keinen persönlichen Umgang mit der Lokalpresse pflegen, werden Sie langfristig kein gutes Echo finden. Wenn Sie die Medien unfreundlich behandeln, werden diese sich weigern, weiterhin mit Ihnen zusammenzuarbeiten und über Sie zu berichten. Versuchen Sie, eine kollegiale Atmosphäre herzustellen. Lassen Sie sich selbst nicht auch am liebsten von jemandem aufklären, der offen ist, Witze macht und sich selbst nicht zu ernst nimmt? Etablieren Sie sich für die Journalisten als Ansprechpartner bzw. Experte. Stehen Sie zur Verfügung für die

- Beantwortung konkreter Nachfragen,
- Kontaktvermittlung zu Experten innerhalb und außerhalb Ihres Vereins,
- Behebung von Informationsdefiziten der Journalisten durch Interviews oder Expertisen.

Eine Bemerkung zum Schluss: Auch Journalisten können richtige Diven sein. Behandeln Sie alle Journalisten gleich – egal von welcher Redaktion. Haben Sie sich über einen Journalisten geärgert, bestrafen Sie ihn nicht mit Informationsentzug, damit bestrafen Sie nur sich selbst.

4. Die goldenen Regeln der Medienarbeit

Vorweg gleich eine Mahnung: Bei der Pressearbeit gilt, „Seien Sie kreativ!" Jede Regel ist so gut wie ihre Ausnahme. Um in der Masse der Nachrichten aufzufallen, ist es auch nicht verkehrt, ein paar Regeln zu brechen. So fordern beispielsweise viele Ratgeber dazu auf, einfach und verständlich zu schreiben. Jede für Journalisten bestimmte Nachricht müsse sofort verständlich sein und innerhalb von zwei Minuten das Wichtigste erläutern. Eine einfache, nüchtern formulierte Schlagzeile sei die einzige Möglichkeit in der Nachrichtenflut nicht unterzugehen.

Nur, wenn alle so nüchtern schreiben, wird es für den Journalisten recht langweilig. Warum deshalb nicht mal eine Schlagzeile formulieren, die nicht sofort verständlich ist? „Die Stadt, der Lebensraum unzähliger Menschen, ist nicht dazu geschaffen, mehr als genug zu bieten." Dies hat mit einer Nachricht nicht viel zu tun, weckt aber möglicherweise Interesse bei den Journalisten.

Die erste Regel: Haben Sie ein Ziel

Auch wenn es in diesem Buch schon einige Male angesprochen wurde, man kann es nicht oft genug wiederholen: Setzen Sie sich ein Ziel und verfolgen Sie es konsequent. In Kapitel Strategie wurde schon darauf hingewiesen, wie wichtig eine klare Zieldefinition für Ihre Arbeit ist. Machen Sie sich im Vorfeld jeder Pressearbeit klar, was Sie damit erreichen wollen. Dieses Ziel müssen Sie bei jedem Kontakt im Auge behalten und konsequent wiederholen.

Ihre Sozialstation wird zehn Jahre alt. Im Team wurde beschlossen, dieses Ereignis gebührend zu feiern. Helfer, Politik und die Bürger in der näheren Umgebung sollen eingeladen werden. Mit dem Team wurde eine Zieldefinition durchgeführt. Als Ergebnis stand fest, dass Sie die Veranstaltung nutzen wollen, um neue Helfer anzuwerben. Hierzu soll auch die Presse genutzt werden. Ein Journalist hat schon angerufen und angekündigt über ihre Veranstaltung zu berichten.

Will der Journalist über die Veranstaltung berichten, ist das zwar nett, nur wenn die Nachricht erst erscheint, wenn die Veranstaltung schon vorbei ist, nützt Ihnen das wenig. Oder, übertragen auf unsere Zieldefinition: Der Journalist hat das Ziel, einen Bericht über Ihre Veranstaltung zu schreiben. Ihr Ziel ist, mit der Veranstaltung neue Helfer zu gewinnen. Deshalb müssen Sie in diesem Fall versuchen, Ihre Botschaft zu platzieren. Eine Möglichkeit, setzen Sie Ihre Veranstaltung unter ein Motto: „10 Jahre Sozialstation – Wir suchen Helfer für die nächsten 10 Jahre", damit haben Sie einen Aufhänger. Sie müssen dann in jedem Papier oder Interview, welches sie der Presse geben, ihre Hauptbotschaft unterbringen. Und zwar immer wieder die gleiche.

Auch Journalisten haben ein Ziel: die Nachricht, je spektakulärer, desto besser. Hier müssen Sie vorsichtig sein, dies muss nicht unbedingt Ihrem Ziel entsprechen. Es bedeutet vielmehr, dass der Journalist seine Zeilen füllen will und nicht unbedingt Ihr Anliegen unterstützt. Das soll jetzt aber nicht heißen, dass jeder Journalist nur auf einen Skandal aus ist und Sie in die Pfanne hauen will (ein bisschen Vorsicht ist trotzdem manchmal angebracht).

Die zweite Regel: Seien Sie ehrlich.

Von der Presse wird gerne der Skandal gesucht. Um in die Nachrichten zu kommen, malen zum Beispiel Politiker gerne den Teufel an die Wand. Aus Sicht der Abgeordneten mag das legitim erscheinen, sie versuchen nur ihr Gesicht in die Presse zu bekommen und damit letztendlich ihre Wiederwahl zu sichern. Für Ihre Arbeit sollte dies allerdings kein Vorbild sein. Denken Sie nur daran, welcher Ruf Politikern heutzutage vorauseilt.

Der Verein zur Förderung der Innenstadt in yx berichtete per Pressemitteilung im Vorfeld einer Veranstaltung, dass der Einzelhandel der Stadt am Boden liege. Als Reaktion müsse die Fußgängerzone wieder für den Autoverkehr geöffnet werden. Dies sei die Meinung aller Einzelhändler im Innenstadtbereich. Auf der Veranstaltung meldete sich eine Reihe von Geschäftsinhabern zu Wort, die vehement dieser Forderung widersprachen. Die Tageszeitung meldete am nächsten Tag: „Einzelhandelsverband schießt sich selbst ein Eigentor – Händler für die Ausweitung der Fußgängerzone."

Wenn Sie mit Ihrem Anliegen ernst genommen werden wollen, dürfen Sie keine Falschmeldungen verbreiten. Wahrscheinlich kommen Sie mit einer gut gemachten Unwahrheit in die Zeitung, wenn die Wahrheit allerdings herauskommt, wird kein Journalist mehr mit Ihnen zusammenarbeiten. Auch wird keiner Ihnen bei der nächsten Meldung mehr Glauben schenken. Das Sprichwort „Wer einmal lügt, ..." stimmt hier in der Tat. Und vergessen Sie nicht, Journalisten sind nicht dumm. In der Regel wird sich jeder Journalist rückversichern und ihre Meldung überprüfen. Und sei es nur, dass er sich eine Gegenmeinung einholt. Bleiben Sie also auf dem Boden der Tatsachen, es wird sich für Sie auszahlen. Gegen leichte Übertreibungen hat hingegen kaum einer was einzuwenden. Klappern gehört zum Handwerk.

Die dritte Regel: Bleiben Sie sachlich

Auch wenn es manchmal schwerfällt: zügeln Sie sich. Sie können nur dann einen Blumentopf gewinnen, wenn Sie Ihr Anliegen sachlich darstellen. Es schützt Sie davor, eine lächerliche Figur abzugeben. Achten Sie darauf: Emotional unterfütterte Aussagen nimmt man lange nicht so ernst. Besser ist jemand, der im schwarzem Anzug Zahlenkolonnen herunterrattert. Sie sollen überzeugen, nicht überreden. Es wirkt einfach auch höflicher. Auch Journalisten sind nicht an unangenehmen Menschen interessiert. Sie wollen eine sachlich begründete Nachricht einholen, die sie im Zweifelsfall überprüfen können. Übertriebene Emotionen können Sie anderen überlassen.

Die vierte Regel: Formulieren Sie klar und verständlich

Dies ist nicht so leicht, wie es aussieht. Aber vergegenwärtigen Sie sich einmal, wie Sie Nachrichten aufnehmen. Wenn es nicht gerade ein Thema ist, welches Sie brennend interessiert, hören Sie höchstens mit einem Ohr zu oder überfliegen die Meldungen. Ein Satz, der nicht sofort verstanden wird, ist schnell wieder vergessen.

Wissenschaftler haben herausgefunden, dass wahre Intelligenz darin begründet liegt, Überflüssiges über Bord werfen zu können. Nur wenn wir in der Lage sind, Dinge auch schnell wieder zu vergessen, können wir unsere kognitiven Fähigkeiten erhalten und ausbauen.

Versuchen Sie komplizierte Sachverhalte zu vereinfachen. Denken Sie daran, dass Sie ein Experte sind. Das Wissen, welches Sie besitzen, haben andere nicht. Deshalb können Sie nur an der Oberfläche der Thematik bleiben. Tiefere Zusammenhänge erörtern Sie mit anderen Fachleuten auf Veranstaltungen.

Das gilt auch für Ihren Satzbau: Verwenden Sie einfache Sätze. Wer einen Bandwurmsatz erst nach fünfmaligem Nachlesen versteht, hat auf den Rest des Textes bestimmt keine Lust mehr. Diese Form können sich höchstens Wissenschaftler erlauben, die als Professoren unkündbar sind (Sie finden im Abschnitt „Pressemitteilungen schreiben" ein paar Tricks und Tipps, wie Sie die gröbsten Fehler beim Formulieren vermeiden).

Die fünfte Regel: Lernen Sie Ihren Adressaten kennen

Auch diese Regel sollte eigentlich selbstverständlich sein. Haben Sie Interesse an Ihrem Gegenüber. Journalisten beißen nicht, sondern sind (meistens) auch nur an einem netten Umgang interessiert. Es kann aber passieren, dass Sie ein ausgesprochen unangenehmes Exemplar dieser Sorte Mensch treffen. Nehmen Sie es mit Gelassenheit. Wie überall im Leben trifft man auf sympathische und weniger sympathische Menschen. Sagen Sie sich, dass der Mensch einen schlechten Tag hatte, und versuchen Sie das Beste daraus zu machen. Bieten Sie Unterstützung an und bleiben Sie höflich.

5. Was tun?

5.1 Nachrichten anbieten

Manchmal reicht die Hoffnung, dass mit einer bloßen Ankündigung schon jemand vorbeikommen wird und etwas Gutes schreibt. In der Regel wird das aber die Ausnahme bleiben. Und noch viel schlimmer, wenn der Journalist nichts mit Nachrichtenwert findet, wird er auch nicht wiederkommen. Bieten Sie Nachrichten an. Nachrichten sind Informationen, die interessant genug sind, um gelesen zu werden. Das hört sich einfach an, ist aber schwieriger, als Sie denken.

Nachrichten müssen in der Regel einen aktuellen Bezug haben. Sie müssen interessant genug sein, dass auch Nichtfachleute weiterlesen. Stellen Sie sich immer wieder die Frage: Ist diese Nachricht interessant für Journalisten? Bei Zweifeln lieber zweimal überlegen. Oder fragen Sie einfach einen Ihnen bekannten Journalisten. Was genau eine gute und eine schlechte Nachricht voneinander trennt, ist schwer zu definieren. Hier müssen Sie selbst Erfahrungen sammeln. Es hilft, wenn Sie jemanden fragen, der nichts mit Ihrer Thematik zu tun hat. Er oder sie kann Ihnen sagen, ob Ihre Nachricht von Interesse ist.

Sie erreichen eine größere Öffentlichkeit, wenn Themen auch in Form von Meinungen oder Unterhaltung präsentiert werden. Menschen werden lieber unterhalten als unterrichtet.

Vermeiden Sie es, Journalisten mit unnötigen Informationen zu überfluten. Laden Sie sie nicht zu einer Veranstaltung ein, die für sie nicht von Interesse ist. Gibt es allerdings einen handfesten Skandal – der Vorsitzende ist mit der Kasse flüchten gegangen – dann sieht die Sache ganz anders aus. Ob Sie allerdings eine solche Nachricht für positiv halten, bleibt Ihnen überlassen. Riskieren Sie nicht Ihren Ruf, indem Sie zu viele Presseaktivitäten entfalten. Ihre Mitteilungen werden nicht mehr gelesen und landen schnell im Papierkorb.

5.2 Den richtigen Zeitpunkt finden

Denken Sie daran, dass nichts so schnell verdirbt wie die Nachrichten von gestern. Niemand interessiert sich für alte Nachrichten. Ein Thema wieder aufzugreifen, welches vor drei Tagen durch die Presse geisterte, ist sinnlos. Sie müssen im Vorfeld aktiv werden. Journalisten benötigen Informationen mindestens einen Tag vorher.

Wenn Sie selbst agieren, versenden Sie im Vorfeld die wichtigsten Informationen. Politiker versenden ihre Reden vorab per Pressemitteilung. Der Journalist muss dann auf der Veranstaltung nicht mitschreiben. Machen Sie es genauso. Versenden Sie einen Tag vorher eine Pressemeldung mit den wichtigsten Informationen (siehe unten). Ereignisse müssen Sie mindestens drei Tage vorher bekannt machen. Kündigen Sie größere Veranstaltungen sechs Wochen vorher an. Prüfen Sie, ob andere Ereignisse Ihnen an diesem Tag die Aufmerksamkeit streitig machen können. Erinnern Sie eine Woche vorher schriftlich noch mal an ihre Veranstaltung. Ereignisse sollten Sie so legen, dass für den Reporter eine Chance besteht vorbeizukommen und Originalzitate zu sammeln. Erinnern Sie sich noch an das Beispiel von Herrn Gunne? Die Ausgestaltung der Seiten wird bis zum Mittag festgelegt. Für Sie heißt das, dass Ihr Thema früh genug der Redaktion bekannt sein muss.

Wenn Sie auf ein Ereignis reagieren (der Bürgermeister weiht eine neue Straße ein), müssen Sie die wichtigsten Informationen parat haben. Versuchen Sie mit Journalisten Kontakt herzustellen. Sie können auch wieder im Vorfeld eine Pressemitteilung mit den wichtigsten Fakten versenden. Am speziellen Tag sollten Sie als Ansprechpartner zur Verfügung stehen. In der täglichen Arbeit werden Sie hier an Ihre Grenzen stoßen. Schließlich wollen Sie ja noch was anderes schaffen. Machen Sie sich nichts daraus, wenn es nicht hundertprozentig läuft. Am Ende ist auch professionelle Pressearbeit immer ein Arbeiten unter Last-Minute-Panik. Setzen Sie sich Prioritäten und versuchen Sie nicht alles auf einmal zu schaffen.

5.3 Den richtigen Ansprechpartner suchen

Die Informationen müssen für den speziellen Medienvertreter interessant sein. Eine Einladung an einen Sportreporter zu einer

Veranstaltung zum Sozialabbau wird in der Regel wenig erfolgversprechend sein. Nicht weil dem Reporter das Thema egal wäre, sondern ganz einfach, weil es nicht sein Thema ist. Wer schreibt was? Finden Sie selbst heraus, wer in den Lokalmedien über Ihre Thematik berichten könnte. Schauen Sie sich an, wer welche Artikel schreibt. Eine Hilfestellung bieten die Kürzel am Ende eines Textes in der Zeitung. Die Kürzel sind in der Regel die Initialen des Schreibers. Achten Sie darauf, ob bei bestimmten Artikeln immer das gleiche Kürzel daruntersteht, dann haben Sie Ihren Ansprechpartner.

Es ist überhaupt kein Problem, in den einzelnen Redaktionen anzurufen und sich zu erkundigen, wer auf Ihr Thema spezialisiert ist. Wenn es keinen direkten Ansprechpartner gibt, fragen Sie nach, an wen Sie Informationen am besten senden. In welcher Form, als Fax, E-Mail oder Brief? Wenn Sie einen Redakteur als Ansprechpartner haben, senden Sie Ihre Informationen zusätzlich auch noch an das Sekretariat oder den Lokalchef. Doppelt hält besser. Vielleicht ist „Ihr" Redakteur gerade im Urlaub. Wenn ein Journalist bei einer Ihrer Veranstaltungen ist, fragen Sie ihn, ob Sie ihm weiterhin Infos über Ihre Arbeit schicken sollen. Wenn jemand schon mal über Sie berichtet hat: Nutzen Sie ihn weiterhin als Ansprechpartner.

Bieten Sie Journalisten möglichst einen gleich bleibenden Ansprechpartner. Das können Sie selber sein, aber noch besser: jemand anders übernimmt diese Aufgabe. Dieser „Pressesprecher" lernt im Laufe der Zeit die Journalisten in seinem Bezirk kennen. Er kann dann einschätzen, wer sich für welches Thema interessiert und wie man es am besten an verschiedene Redaktionen verkauft. Bei Fragen wissen Journalisten sofort, an wen sie sich wenden können und von wem sie eine mediengerechte Auskunft erwarten können.

5.4 Presseverteiler einrichten

Sie ersparen sich viel Arbeit, wenn Sie sich einen Presseverteiler mit allen Medien Ihrer Region anlegen. Mit einem Verteiler können Sie Ihre Kontakte zu den Medien organisieren und müssen nicht bei jeder Pressemitteilung erneut Ansprechpartner ausfindig machen.

In den Presseverteiler nehmen Sie alle Medien bzw. Journalisten auf, die Sie über Ihre Aktionen informieren wollen. Der Verteiler sollte Angaben enthalten über:

- Medium
- Ressort/Redaktion
- Ansprechpartner (Journalist, Chefredakteur, Sekretariat, ...)
- Anschrift
- Telefon, Fax, E-Mail

Es ist auch nützlich, im Verteiler zu vermerken, welche Zielgruppe die einzelnen Medien haben, für welche Themen sie sich interessieren bzw. wie sie diese verarbeiten. Damit können Sie je nach Aktion Ihre Informationen gezielt an die verschiedenen Medien versenden.

5.5 Internetseite aufbauen

Wie schon im Kapitel „Öffentlichkeitsarbeit" beschrieben, läuft heutzutage fast jede Informationsbeschaffung über das Internet. Auch bei der Presse ist das nicht anders. Bei der Suche nach Informationen und Ansprechpartnern rufen Journalisten in erster Linie das Internet zu Hilfe. Durch gezielte Pressearbeit im Web können Sie Journalisten für Ihre Inhalte interessieren und an sich binden. Wie bereits erwähnt: Journalisten stehen meist unter hohem Zeitdruck. Sie greifen gerne auf zuverlässige Informationen zurück, die ihnen angeboten werden.

Journalisten wünschen sich einen extra Navigations-Button für die Presse. Wenn Sie einen Presse-Link auf Ihrer Startseite anbieten, werden sie Ihnen dankbar sein. Ein Presse-Link nützt natürlich nichts, wenn dort nicht die entsprechenden Inhalte zu finden sind. Unbedingt notwendig sind:

- E-Mail-Adressen, Telefondurchwahl und Faxnummer der Ansprechpartner,
- Newsletter-Abo per E-Mail. Bieten Sie Journalisten die Möglichkeit, sich selbst in Ihren Presseverteiler einzutragen (Ihnen erspart das Arbeit),
- Aktuelle Pressemitteilungen sowie ein Archiv der alten Pressemitteilungen,

- Downloadmöglichkeit von Bildmaterial, besonders kleine Redaktionen haben oft keine eigenen Fotografen und sind für Fotomaterial dankbar (Auflösung der Bilder 300 dpi in der Originalgröße),
- Name, Telefonnummer, E-Mail-Adresse und Faxnummer der übrigen Funktionsträger im Verband.

5.6 Pressemitteilungen schreiben

Pressemitteilungen sind für Ihre erfolgreiche Pressearbeit von hoher Bedeutung. Ein Großteil der Meldungen in den Medien geht wie oben beschrieben auf Pressemitteilungen zurück. Aber: Tausende von Pressemitteilungen werden jeden Tag geschrieben. Ein Großteil landet gleich im Papierkorb. Überlegen Sie vorher, ob sich die Arbeit lohnt. Für Ihre Pressemeldung gilt: Sie muss erstens inhaltlich interessant sein (der Nachrichtenwert). Und da sie in vielen Fällen nur in Form von Kürzungen oder stilistischen Korrekturen redaktionell bearbeitet werden, müssen Pressemitteilungen zweitens auch formal gewissen Ansprüchen genügen.

Das Schreiben einer Pressemitteilung stellt viele Menschen vor Probleme. Schreiben will gelernt sein und beruht auf Erfahrung. Leider. Grundsätzlich gilt: Schreiben Sie nicht allein an einem Text. Sie als Experte haben ein Wissen, welches der Leser nicht besitzt. Suchen Sie sich jemanden aus Ihrer Umgebung, der eine Vorlage liefert. Diese können Sie und andere überarbeiten. Machen Sie vorher deutlich, dass vom Originaltext nicht mehr viel übrig bleiben wird. Viele sind enttäuscht, wenn ihr Text nicht mehr als solcher zu erkennen ist.

> *Eine Pressemitteilung schreiben Sie, wenn Sie ein Ereignis kommentieren oder Journalisten informieren wollen. Sie schreiben eine Presseeinladung (s.u.), wenn Sie zu einer Aktion oder Veranstaltung einladen. Machen Sie dies durch eine Überschrift deutlich.*

Stil/Inhalt

Eine Pressemitteilung ist ein Fazit, eine Zusammenfassung, deshalb muss sie kurz und prägnant sein. Sie soll die Aufmerksamkeit des

Lesers wecken. Es geht darum, den Leser kurz und knapp über das „Wer, Was, Wann, Wo, Wie und Warum" zu informieren:

- Wer hat etwas gemacht bzw. will etwas machen?
- Was ist passiert bzw. wird passieren?
- Wann hat etwas stattgefunden bzw. wird ein Ereignis geschehen?
- Wo ist es passiert bzw. wird es passieren?
- Wie ist es abgelaufen bzw. wird es ablaufen?
- Warum ist es dazu gekommen wird etwas geschehen?

Konzentrieren Sie sich auf das Wesentliche. Es muss deutlich werden, worin die Neuigkeit, die „Geschichte" besteht. Sie müssen gleich im ersten Satz auf den Punkt kommen. Das Wichtigste (wer, was, wann, wo) steht am Anfang. Die detaillierten Hintergründe können in nachfolgenden Gesprächen geklärt werden.

Die Formulierung einer Pressemitteilung erfolgt in kurzen, klaren Sätzen. Vermeiden sie Einschübe im Satzbau. Verwenden Sie keine Füllwörter. Adjektive und Artikel nur, wenn notwendig. Schreiben Sie Verben in der aktiven Form. Jedes Wort, welches Sie am Ende streichen können, ohne dem Text seinen Sinn zu nehmen, kann raus. In der Kürze liegt die Würze!

Bleiben Sie möglichst sachlich. Sie wollen den Journalisten überzeugen, nicht überreden. Behauptungen und Meinungen müssen Sie als solche kennzeichnen. Der einfachste Weg ist ein Zitat oder ein Zusatz wie: „Nach Meinung des Sportvereins TUS Felde ...."

Eine Pressemitteilung braucht eine klare Gliederung. Das Wichtigste kommt zuerst, dass Unwichtigste zuletzt. Hier hilft die sogenannte AHA-Formel: Aufmerksamkeit wecken, Hauptsache, alles Weitere. Bauen Sie ihren Text nach diesem Schema auf. Journalisten sind es so gewohnt.

Journalisten müssen die Möglichkeit haben, ihren Text einfach an den vorhandenen Platz in der Zeitung anpassen zu können. Auch hier hilft Ihnen die AHA-Formel. Die Probe für Experten: Fangen Sie hinten an und kürzen Sie Ihren Text um den letzten Satz. Dann um den vorletzten, bis Sie am Anfang angelangt sind. Wenn Ihr Text jedes Mal einen Sinn ergibt, ... voilá – morgen können Sie als Journalist anfangen.

Formulieren Sie die Überschrift erst ganz am Ende. Viele machen den Fehler, eine „tolle" Überschrift zu haben, und versuchen dann den Text anzugleichen. Nehmen Sie sich die Zeit für eine prägnante Überschrift. Diese soll das Folgende zusammenfassen, nicht umgekehrt. Eine zweiteilige Überschrift besteht aus einer sogenannten Headline und einer Subline. Diese Form hat den Vorteil, dass Sie mit der Subline wichtige Informationen ergänzen können. Beide Zeilen zusammen transportieren Ihre Botschaft.

Hier ein fiktives Beispiel dafür, wie allein eine Überschrift abschrecken kann:

NAFA begrüßt Zuständigkeit des BfN für Agro-Gentechnik
Niederhafner: Auswirkungen von GVO auf natürliche Ökosysteme weitestgehend unbekannt

Was bitte ist BfN? Was kann man sich unter Agro-Gentechnik vorstellen? Was ist GVO? Und wer ist Niederhafner? Das sind zu viele Fragezeichen. Eine derartige Überschrift macht keine Lust aufs Weiterlesen. Sie macht nicht neugierig, sondern verschreckt. Wenn schon die Überschrift so kompliziert ist, was mag dann folgen? Das Beispiel kann einfach umgebaut werden:

Bundesamt für Naturschutz übernimmt die Zuständigkeit für die grüne Gentechnik – Der NAFA begrüßt diesen Schritt
Stefan Niederhafner, Geschäftsführer des Vereins „Naturschutz für alle" (NAFA), erklärt dazu: „ ....

In der Überschrift sind die wichtigsten Fakten enthalten. Abkürzungen werden vermieden. Der Begriff „Grüne Gentechnik" ist allgemein bekannt. Meinungen kommen als Zitat im folgenden Text. Das Zitat wird in Anführungsstriche gestellt.

Lassen Sie sich durch diese Regeln nicht entmutigen. Schreiben will gelernt sein. Machen Sie sich einfach einen kurzen Merkzettel oder nutzen Sie die Checkliste. Nach kurzer Zeit werden Sie merken, wie sich Ihr Blick auf Texte verändert und Sie stilistische Fehler wahrnehmen, die Ihnen vorher nie aufgefallen wären. Auch hier hilft wieder der Blick zu den Profis. Nehmen Sie sich Ihre Tageszeitung vor und überprüfen Sie die Nachrichten auf diese Kriterien hin. Sie werden überrascht sein, wie einfach Schreiben sein kann.

Checkliste: Überlegen Sie sich bei jeder Pressemitteilung, ob:

- *das „Wer, was, wann, warum, wie" gleich am Anfang beantwortet wird,*
- *die Überschrift einprägsam und einfach ist,*
- *der Text logisch, in Absätze gegliedert ist,*
- *eine einfache, klare Sprache ohne Füllwörter, Fachbegriffe etc. verwendet wurde,*
- *Abkürzungen erklärt werden,*
- *bei Namen die Funktionsbezeichung, Titel und der Vorname angegeben wurden,*
- *alle formalen Regeln (DIN A4, einseitig etc.) eingehalten wurden,*
- *alle nötigen Kontaktdaten zu finden sind (Adresse, Ansprechpartner etc.),*
- *die Pressemitteilung bei den richtigen Journalisten landet (ist der Presseverteiler noch aktuell?).*

Form

Eine klare Struktur hilft, einen Überblick zu bekommen. Denken Sie wieder daran, dass Journalisten keine Zeit haben, sich in etwas einzuarbeiten.

Eine Seite, mehr nicht. Das Format sollte DIN A4 betragen, Zeilenabstand eineinhalb bis zwei Zeilen. Alle anderen Formate sind schlecht zu drucken, zu faxen bzw. unübersichtlich. Versuchen Sie nicht, die Rückseite zu nutzen, diese wird meist überlesen. Bei Notfällen können Sie auch zwei Seiten schreiben. Es besteht aber die Gefahr, dass keine neuen Informationen auftauchen.

Die Kürze des Textes ist mit das Schwierigste, vor allen Dingen, wenn Sie mit mehreren zusammen schreiben. Jeder will sein Thema, seine Punkte wiederfinden. Hier müssen Sie im Vorfeld klar Stellung beziehen und viel erklären.

Lassen Sie Platz auf dem Papier. Nichts wirkt abschreckender als eine eng beschriebene Textseite (die sogenannte Bleiwüste). Wichtig sind Übersichtlichkeit und Raum für Anmerkungen. Schreiben Sie nicht mehr als etwa. 60 Zeichen pro Zeile. Etwa 40 Zeilen pro Seite sind genug. Lassen Sie auch Platz für Anmerkungen. Gut sind Korrekturränder 3 cm rechts und links vom Text.

Kennzeichnen Sie Ihre Pressemitteilung als das, was sie ist, damit jeder sofort weiß, worum es sich handelt. In den sogenannten Header, den Kopf der Pressemitteilung, müssen die korrekte und vollständige Absenderangabe und das Datum stehen. Der Ansprechpartner muss mit Name, Durchwahl und E-Mail-Adresse sofort zu erkennen sein. Der Unterzeichner muss unter der Nummer

Checkliste: Form

- *Kennzeichnung als Pressemitteilung
  (damit jeder sofort weiß, worum es sich handelt)*

- *DIN-A4- Format*

- *Eine Seite! (mehr lesen Journalisten ohnehin nicht)*

- *Übersichtlichkeit und Raum für Anmerkungen*

- *Korrekturränder: 2 bis 3 cm rechts und links*

- *Zeilenabstand 1½ bis 2 Zeilen*

- *etwa. 60 Zeichen pro Zeile*

- *etwa 40 Zeilen*

- *keine Unterstreichungen, Versalien o.Ä.*

- *Überschriften groß gedruckt*

- *korrekte und vollständige Absenderangabe plus Datum*

- *Ansprechpartner mit Name, Durchwahl und
  E-Mail-Adresse*

- *Internetadresse*

- *klare Gliederung in Absätzen*

ständig erreichbar sein, eine Mobilnummer ist heutzutage Pflicht. Gleiches gilt für eine Internetadresse.

Benutzen Sie keine Unterstreichungen, Versalien (Großbuchstaben) oder Ähnliches, das verwirrt nur. Wichtige Daten (Datum, Überschrift etc.) können Sie größer und/oder in Fettdruck machen. Fügen Sie aus demselben Grund auch genug Absätze in ihren Text ein.

Eine Bemerkung zum Schluss. Wenn Sie in Ihrer Umgebung gute Arbeit geleistet haben, können Sie sich einen Teil dieser Arbeit ersparen. Sollten Sie die wichtigsten Journalisten schon persönlich kennen, können Sie auch einfach einen Telefonanruf starten. Der Journalist wird dann schon die Fragen stellen, auf die es ankommt.

Hier ein gelungenes Beispiel für eine Pressemitteilung:

Deutsches Tierhilfswerk e.V.
Kaiserdamm 7
14057 Berlin
Tel.: 030 301038-0
Fax: 030 301038-34
www.tierhilfswerk.de

PRESSEMITTEILUNG

Berlin, 7. April 2004

Tierhilfswerk testete Eier - keine Beanstandungen in Berlin

Die Stempel auf den Eiern sind in Berlin fast immer korrekt. Das ergaben umfangreiche Tests des Tierhilfswerks. „In Berlin haben wir ein lupenreines Ergebnis: bei allen 400 auf ihre Haltungsform getesteten Eier war das in der Verpackung, was drauf stand", sagte Ursula Bauer vom Deutschen Tierhilfswerk (DTHW) zum Abschluss der bundesweiten Studie am Dienstag in Berlin.
Bundesweit war bei nur 2 von 100 Eiern die Herkunft nicht nachweisbar. „Das ist ein sehr gutes Ergebnis. Der Eierstempel hält, was er verspricht", sagte die Tierschützerin. Bei einem Test 1997 waren noch bis zu 75 Prozent der Eier aus Käfighaltung falsch gekennzeichnet.

Die Tierschutzorganisation hat deutschlandweit insgesamt 1300 Eier mit Hilfe von UV-Licht auf Spuren untersucht, die auf Käfighaltung der Legehennen hinweisen. Damit sollte überprüft werden, ob die mit dem Stempel auf den Eiern angegebene Haltungsform der Wahrheit entspricht. Seit Jahresbeginn muss auf allen Eiern in der Europäischen Union vermerkt werden, aus welchem Land sie stammen und wie die Hennen gehalten werden. Dabei steht die „Null" für ökologische Erzeugung, „eins" für Freilandhaltung, „zwei" für Boden- und „drei" für Käfighaltung.

Ansprechpartnerin: Ursula Bauer
Geschäftsstelle Berlin
Tel: 030 - 301038-31
Fax: 030 - 301038-34
berlin@tierhilfswerk.de

5.7 Pressekonferenzen organisieren

Mit Pressekonferenzen sollten Sie noch sparsamer umgehen als mit Ihren Pressemitteilungen. Setzen Sie eine Pressekonferenz wirklich nur dann an, wenn Sie etwas von Bedeutung mitzuteilen haben. Überlegen Sie sich vorher genau: Ist der Anlass wirklich wichtig genug? Reicht nicht auch eine Pressemitteilung? Wenn Sie ohnehin nicht damit rechnen, dass mehr als zwei Medienvertreter erscheinen: Genügt nicht auch ein Telefonanruf?

Wenn Sie Konferenzen zu unwichtigen Anlässen festsetzen, werden Sie unglaubwürdig und zur nächsten Konferenz erscheinen überhaupt keine Journalisten mehr. Bedenken Sie, dass die Journalisten zu einer Pressekonferenz anreisen müssen. Nichts ist schlimmer für einen Journalisten als verlorene Zeit. Unterschätzen Sie zuletzt nicht den Aufwand, den eine Pressekonferenz verursacht. Eine einfache Regel: wenn Hintergründe erläutert werden müssen und Fragen von Journalisten auftauchen können, ist eine Pressekonferenz sinnvoll. Ansonsten reicht eine Pressemitteilung. Optional können Sie auch zu einem Pressegespräch (s.u.) einladen. In vertraulicher Runde können Hintergründe und Details besprochen werden. Das ist für beide Seiten weitaus effizienter.

Anlässe für eine Pressekonferenz:

- Kommentierung bedeutender Ereignisse in der Region, z.B. der (geplante) Bau einer neuen Straße, Schließung von Einrichtungen, ...
- Analyse von Ereignissen, geplanten Dingen,
- Darstellung von Messergebnissen etc.

Die Einladung zu einer Pressekonferenz sollte genau den gleichen formalen Kriterien Rechnung tragen wie eine Pressemitteilung. Schreiben Sie in den Header groß und deutlich „Einladung zur Pressekonferenz". Beschreiben Sie im Text kurz und knapp den Anlass der Veranstaltung. Wecken Sie Interesse. Gut ist immer eine bekannte Persönlichkeit, die Rede und Antwort steht. Das kann zum Beispiel ein bekannter Experte sein, ein Hochschulprofessor, Künstler etc. Die Persönlichkeit soll bei den Journalisten Interesse wecken. Geizen Sie also in der Ankündigung nicht mit Titeln („der anerkannte Experte Prof Dr. Friedrich Unsolt wird ...").

Besprechen Sie unbedingt vorher Ihre Positionen. Nichts ist schlimmer, als wenn Ihr Experte eine andere Meinung vertritt als Sie. Ist alles schon vorgekommen!

Machen Sie deutlich, welche Vorteile Journalisten haben, wenn Sie zu Ihrer Pressekonferenz kommen.

Was wollen Sie der Presse mitteilen? Beachten Sie die gleichen Punkte wie bei der Pressemitteilung: Erläutern Sie kurz und einfach, worum es geht. Kommen Sie sofort zum Wesentlichen. Fangen Sie keine langen Reden oder Grundsatzdiskussionen an. Eine Pressekonferenz sollte nie länger als eine Stunde dauern. Begrenzen Sie die Redezeit auf höchstens eine Viertelstunde. Den Rest der Zeit sollten Sie für Fragen übrig lassen.

Planen Sie vorher: Wer soll auf der Pressekonferenz sprechen? Begrenzen Sie die Anzahl der Redner auf drei Personen. Einer davon sollte nur die einleitenden Worte und die Moderation machen. Wählen Sie Personen, die sich kurz fassen und frei sprechen können. Besprechen Sie vorher gründlich, wer welche Punkte erläutern soll. Schreiben Sie am besten vorher genau auf, was Sie sagen wollen.

5.8 Pressegespräche führen

Das einfachste Mittel der Pressearbeit ist das sogenannte Pressegespräch. Im Endeffekt handelt es sich um ein formloses Treffen, bei dem man sich kennenlernen und diskutieren kann. In der Regel sind diese Treffen ergiebiger als Pressekonferenzen: Themen können ausführlicher behandelt werden. Es ist leichter für den Journalisten, Fragen zu stellen, ohne sich in größerer Runde bloßgestellt zu fühlen. Ein persönlicher Kontakt kann aufgebaut werden. Und nicht zuletzt ist es für alle Beteiligten weniger aufwendig zu handhaben.

Zu einem Pressegespräch können Sie formlos einladen. Rufen Sie in den Redaktionen an und bieten Sie einen Termin. Wenn Sie keinen direkten Ansprechpartner haben, lassen Sie sich zu dem zuständigen Menschen durchstellen. Der persönliche Kontakt ist sehr wichtig. Bieten Sie ein Pressegespräch zu Ihrem Thema an.

Verwenden Sie den Begriff Pressegespräch, Journalisten wissen, was damit gemeint ist. Sagen Sie, wer und wie viele andere Journalisten anwesend sein werden. Am besten ist ein Vier-Augen-Gespräch, es ist aber auch möglich, mehrere Journalisten gleichzeitig einzuladen. Suchen Sie ein Café in der Nähe oder laden Sie zu sich ein. Planen Sie ca. eine Stunde für das Gespräch ein. Nehmen Sie zu dem Gespräch Hintergrundmaterialien mit, damit der Journalist das Wichtigste auch später noch parat hat. Stellen Sie sich und Ihre Arbeit kurz vor. Bieten Sie Ihr Wissen an. Und denken Sie einfach daran, der Charakter dieses Treffens ist formlos. Entspannen Sie sich!

5.9 Leserbriefe schreiben

In vielen Ratgebern wird zum Schreiben von Leserbriefen ermuntert. Leserbriefe würden oft gelesen und stellten daher eine gute Möglichkeit der Pressearbeit dar. Eigene Erfahrungen sprechen gegen die Anwendung dieses Mittels. Ein Brief muss gut formuliert sein, um abgedruckt zu werden. Das bindet Zeit und Arbeitskraft. Die Wahrscheinlichkeit eines Abdruckes ist hingegen relativ gering. Leserbriefe werden zudem in der Regel auf wenige Sätze gekürzt. Eine ausführliche Darstellung ist deshalb selten möglich. Nichtsdestotrotz, der einfachste Rat ist: Probieren Sie es einfach. Einen Leserbrief können Sie als Korrektur zu einem Thema schreiben oder als Einschub, wenn Sie einen Artikel besonders gut fanden. Formulieren Sie möglichst kurz und prägnant. Wenn Sie mit dieser Möglichkeit Erfolg haben, können Sie sie öfter anwenden. Wenn nicht, lassen Sie es einfach.

5.10 Besonderheit bei anderen Medien

In den vorhergegangenen Abschnitten wurde die Arbeit anhand des Beispiels Tageszeitung beschrieben. Im Großen und Ganzen stimmen die Aussagen mit den Ansprüchen der anderen Medien überein. Auf Unterschiede wird im Folgenden eingegangen.

Rundfunk

Radiosendungen werden nebenbei gehört. Aus diesen Gründen sind die sogenannten Nachrichtenschnipsel, die in die Musikblöcke eingeschnitten werden, selten länger als zwei Minuten. Je nach Sender kann es auch Höchstgrenzen von 50 Sekunden geben (eine Besonderheit sind hier natürlich die Inforadios, für die andere Regeln gelten).

Eine weitere Besonderheit des Rundfunks ist seine Aktualität. Die Lifereportage, wo ein Reporter direkt zu einer Veranstaltung geschickt wird, ist sicherlich das bekannteste Beispiel. Auch ein Beitrag, der morgens bekannt wird, kann am Nachmittag schon in einer Meldung auftauchen. Bei den Printmedien müssen die Blätter gedruckt werden und können so erst am nächsten Tag erscheinen.

Rundfunkjournalisten sind genau wie ihre Kollegen bei der Zeitung auf Pressemeldungen angewiesen. Überregionale Themen kommen in der Regel von denselben Agenturen, die auch die Printmedien nutzen. Inzwischen existieren auch Agenturen, die ihr Angebot speziell auf den Kunden Radio zuschneiden und fertig geschnittene Beiträge anbieten. Lokale Nachrichten werden meist aus der Tageszeitung abgelesen oder fußen auf Pressemitteilungen, die direkt in die Redaktionen geschickt werden.

Wegen Personalmangels sind Rundfunkjournalisten immer auf der Suche nach Themen. Nutzen Sie Ihre Chancen. Mit gut gemachter Pressearbeit können Sie sich wertvolle Verbündete schaffen. Denken Sie auch hier immer daran, dass Ihre Nachricht Unterhaltungswert bieten muss.

Schicken Sie auch hier eine Pressemitteilung drei Tage vorher an die Redaktionen. Fragen Sie einen Tag vorher nach, ob die Redaktion jemanden vorbeischicken möchte. Planen Sie eine Veranstaltung, müssen Sie am Tag des Ereignisses persönlich zur Verfügung stehen.

Zum „Tag gegen den Lärm" führte der BUND Berlin eine Aktion unter dem Titel „Trommeln gegen den Lärm" durch. Eine Trommelgruppe versuchte an einer vielbefahrenen Kreuzung gegen den Lärm anzutrommeln. Die Aktion war ein durchschlagender Erfolg in den Rundfunkmedien, fast jeder Sender brachte einen Bericht. Zum einen war dafür die Trommelgruppe ein Grund, die Aktion konnte gut als O-Ton einem Bericht unterlegt werden. Zum anderen der widersprüchliche Charakter der Aktion. „Lärm gegen Lärm". Ein Rundfunksender brachte am Morgen wiederholt eine Glosse zum Thema mit dem Tenor, dass die Trommler im Park immer das größte Ärgernis seien. Diese Meldung am Morgen brachte andere Rundfunkstationen dazu, mittags bei der Aktion zu erscheinen und am Nachmittag verschiedene Berichte zu senden.

Wenn Sie eine Veranstaltung oder eine Aktion planen, denken Sie daran, diese rundfunkgerecht zu gestalten. Die oben genannte Aktion ist ein gutes Beispiel. Das Medium Zeitung braucht gute Artikel, das Medium Fernsehen gute Bilder (siehe unten) und das Medium Rundfunk gute Kommentare oder Hintergrundgeräusche. Einfach ausgedrückt: Machen Sie Krach, wenn Sie in den Rundfunk kommen wollen.

Radiojournalisten brauchen für ihre Arbeit sogenannte O-Töne (O=Original). Das bedeutet nichts anderes, als dass jemand auch sprechen muss. Haben Sie hiervor keine Angst, das hört sich schlimmer an, als es ist.

Interviews können entweder per Telefon geschehen oder direkt mit dem Reporter. Das klassische Lifeinterview findet so gut wie gar nicht mehr statt. In der Regel wird das Interview aufgezeichnet und anschließend passend zurechtgeschnitten. Vorher werden einige Fragen durchgesprochen und das Interview grob strukturiert. Überlegen Sie sich vorher wieder, was ihr Ziel ist. In Medienkreisen sagt man auch Kernaussage dazu. Fassen Sie Ihre Kernaussage in drei Sätzen zusammen und versuchen Sie diese im Gespräch unterzubringen. Ob die Sätze exakt zur Frage passen, lassen Sie einfach mal beiseite. Am Ende werden Ihre Antworten von der Redaktion eh zusammengeschnitten. Sprechen Sie langsam und deutlich. Viele Menschen neigen dazu, vor Aufregung sehr schnell zu sprechen und die Wörter zu nuscheln. Probieren Sie es einfach zu Hause aus. Nehmen Sie Ihre Stimme auf Tonband auf und üben Sie die Betonung. Stellen Sie sich beim Anhören vor, dieser Beitrag würde im Radio erscheinen. Wenn es sich komisch anhört, machen Sie sich nichts daraus, das ist normal. (Jeder Mensch hört seine eigene Stimme anders, als andere sie wahrnehmen. Das liegt daran, dass der Kopf als Resonanzkörper dient und dadurch die eigene Stimme am Ohr verzerrt klingt. Bei den meisten Menschen klingt sie dumpfer als in Wirklichkeit.)

Seien Sie sich bewusst, dass ein Interview mit Ihnen stark gekürzt wird. Selbst wenn ein Interview 15 Minuten dauert, bleiben am Ende höchstens drei Sätze übrig. Auch dies ist nichts Ungewöhnliches, das geht jedem Politiker in den Nachrichten genauso.

Auch hier noch ein kurzes Wort zum Thema „von Profis lernen": Achten Sie auf die Betonung und die Satzkonstruktionen, die Politiker oder medienerprobte Menschen in Interviews verwenden. Höchstwahrscheinlich haben Sie alle im Laufe Ihrer Arbeit die gleichen Medienseminare besucht. Die Grundlagen sind immer dieselben, weshalb Sie auch alle gleich klingen. Bemerken Sie, dass die Fragen selten richtig beantwortet werden (Zieldefinition), die Sätze ohne Pause aneinandergereiht werden (nicht vom Thema abbringen lassen) und die einzelnen Wörter seltsam betont werden (deutlich sprechen). Viel Spaß beim Ausprobieren.

Fernsehen

Auch beim Fernsehen gelten dieselben Regeln wie bei Rundfunk und Printmedien. Agenturen liefern die wichtigsten Meldungen, Pressemitteilungen können lokale Nachrichten bieten. Die Grundlagen der Pressearbeit bleiben also gleich. Ein Unterschied bleibt aber: Beim Fernsehen gilt es, nicht nur gute Aussagen zu treffen, viel wichtiger ist es, ein gutes Bild zu liefern. Das Fernsehen lebt von seinen Bildern. Reporter sind in erster Linie daran interessiert, ein gutes Bild zu bekommen. Die Aussage oder der Hintergrund interessiert dabei erst einmal nur am Rande. Wenn Sie das Fernsehen einladen, müssen Sie für gute Bilder sorgen. Hier ist wieder ihre Kreativität gefragt.

Um auf die finanziellen Nöte der örtlichen Grundschule aufmerksam zu machen, organisierten die Eltern einer Grundschule eine Demonstration. Kinder wurde dabei blau eingekleidet und auch

*blau angemalt. Die Aussage: angesichts des Sparzwanges der
Gemeinde bleibt den Kindern die Luft weg. Über die Aktion wurde
im Regionalfernsehen breit berichtet. Kinder sind bei Fernsehleuten
immer beliebt. Und die Bilder mit blau angemalten Kindern, die
zudem gute O-Töne lieferten, waren etwas Besonderes.*

Auch das Fernsehen braucht Interviewpartner. Haben Sie keine
Angst. In der Regel kommen zum Interview zwei bis drei Mitarbeiter. Einer der Sie interviewen wird, ein Kameramann und ein
Tontechniker. Vorher werden die wichtigsten Punkte durchgegan-
gen. Sprechen Sie beim Interview wieder langsam und deutlich.
Verwenden Sie kurze Sätze. Der Zuschauer will Sie ja schließlich
auch verstehen. Überlegen Sie sich vorher Ihre Kernsätze und
bringen Sie sie im Interview unter. Auch beim Fernsehen wird der
Beitrag, genau wie beim Rundfunk, am Ende zusammengeschnitten. Vermeiden Sie wieder Emotionen. Im Fernsehen wird durch
die Nähe (Gesichter werden bei Interviews meist in Großaufnahme
gezeigt) die Distanz zum Betrachter überwunden. Dadurch werden
emotionale Regungen stärker betont.
Schauen Sie nicht direkt in die Kamera. Der Reporter wird entweder
neben Ihnen stehen und damit gleichzeitig im Bild sein oder direkt
neben der Kamera. Wenn er neben Ihnen steht, reden Sie mit Ihrem
Interviewpartner, als würde die Kamera nicht existieren. Wenn der
Reporter sich neben oder hinter die Kamera stellt, peilen Sie einen
Punkt ca. 10 cm über der Kamera an. Versuchen Sie ihre Hände
beim Reden zu bewegen und auch ab und zu mal den Kopf. Viele
Menschen sehen merkwürdig steif im Fernsehen aus.
Lifeinterviews werden nur noch selten gemacht. Wenn, dann
bei größeren Veranstaltungen, um ein paar O-Töne einzufangen
und mit versierten Profis als Interviewpartnern. Normalerweise
werden Ihre Aussagen aufgenommen und in der Redaktion fertig
geschnitten. Brechen Sie einen Satz ab, wenn Sie merken, dass
Sie nicht weiterkommen. Fangen Sie einfach nach einer kurzen
Pause wieder an. Teilweise werden Ihnen auch dieselben Fragen
mehrmals gestellt, um verschiedene Sätze zum Schneiden zu
erhalten. Konzentrieren Sie sich auf Ihre Kernaussage. Sie können
auch selbst Vorschläge machen, was gefragt werden soll.

Keine Panik! Jeder hat Lampenfieber vor einem Interview. Auch die sogenannten Medienprofis. Denken Sie daran, dass keiner von Ihnen erwartet perfekt zu sein. Fragen Sie vorher einfach den Reporter, wo Sie hingucken sollen und wie Sie am besten stehen. Nicht nur hat er oder sie mehr Erfahrung in diesen Dingen, es schmilzt auch ein wenig das Eis.

V. Fundraising –
Wie komme ich an Geld?

Leider wächst das Geld nicht auf den Bäumen. Um Spenden zu bekommen, muss man aktiv werden: Spender wollen geworben und umsorgt werden. Zudem muss über den Verbleib der Gelder Rechenschaft abgelegt werden. Spenden einzuwerben erfordert dementsprechend mehr, als nur mit der Sammelbüchse durch die Straßen zu ziehen. Gute Spendenwerbung beruht auf einer gut durchdachten Strategie mit einer gut funktionierenden Organisation im Hintergrund. Diese Struktur kann das professionelle Fundraising liefern. Es gibt schon spezielle Studiengänge, die sich mit den Aufgaben und der Arbeitsweise des Fundraising beschäftigen. So tief müssen Sie sich nicht in die Materie einarbeiten. Für Ihre Arbeit reicht es, die Grundlagen zu verstehen.

1. Voraussetzungen für die erfolgreiche Spendenwerbung

Gute Planung

Das Wichtigste, was Sie für Ihre Arbeit benötigen, ist wieder ein Plan. Mit der Vorgehensweise aus dem Kapitel Strategie können Sie ein zielgerichtetes Konzept entwerfen:

1. Die Analyse: Wofür benötigen wir das Geld bzw. die Unterstützung? Was wollen wir? Die Antworten können von einer generellen Förderung über Büroarbeitsplätze bis zur Unterstützung einer Veranstaltung reichen. In der Regel wissen Sie schon, wofür Sie Fördermittel benötigen, sonst würden Sie sich gar nicht mit dem Thema beschäftigen. Trotzdem müssen Sie sich vorher klar werden, was Sie insgesamt für Ihre Arbeit an Fremdmitteln benötigen. Sonst kann man schnell einen potentiellen Förderer „verbraten", indem

man ihn nur für ein Projekt nutzt, nicht aber für eine fortwährende Unterstützung.

2. Ziele setzen: Was wollen wir erreichen? Was benötigen wir für unser Ziel? Sie müssen sich selbst vorher wieder ein klares Ziel setzen. Wofür das Geld ausgegeben werden soll, ist nicht nur für Ihre Gruppe wichtig zu wissen, sondern auch für potentielle Förderer. Sie müssen konkrete Angebote haben, was mit dem Geld oder der Sachleistung geschehen soll. Je genauer Sie das wissen, desto einfacher ist es, andere Menschen zu überzeugen.

3. Konkrete Maßnahmen planen: Wer wird wann wie angesprochen?

Wer: Finden Sie Ihre Zielgruppen. Wen können Sie ansprechen und was können Sie von ihr erwarten? Das hilft, sich die Arbeit einfacher zu machen und realistische Erwartungen zu wecken.

Wann: Der richtige Zeitpunkt kann entscheidend sein. Planen Sie genug Zeit ein. Zwei Wochen vor einer Veranstaltung Sponsoren zu finden, dürfte knapp werden.

Wie: Und wie können Sie die Menschen ansprechen? Unter „Was tun?" finden sie ein paar Ideen.

4. Umsetzung: Wenn Sie vorher gut geplant haben, läuft dieser Punkt von alleine. Bestimmen Sie Mitstreiter, die diesen Part übernehmen können. Diese sollten natürlich wieder in die Planung einbezogen worden sein. Suchen Sie Personen, die kontaktfreudig sind und seriös wirken oder einen guten Ruf in Ihrer Umgebung haben.

5. Evaluation: Was kann beim nächsten Mal besser laufen? Wer hat Interesse, signalisiert wieder dabei zu sein? Hier können schon die nächsten Schritte geplant werden. Auch Spendenwerbung ist ein langfristiger Prozess. Wenn Sie kontinuierliche Arbeit leisten wollen, muss auch die finanzielle Basis auf längere Sicht gesichert sein.

Grundregeln für Ihre Spendenarbeit

Versuchen Sie sich in die Lage potentieller Förderer hineinzuversetzen. Wofür würden Sie Geld spenden? Und wem würden Sie spenden? Aus diesen Fragen heraus haben Sie gleich die wichtigsten Regeln für Ihre Arbeit:

- Präsentieren Sie sich in einem professionellen Auftritt. Potentielle Förderer wie Firmen und Unternehmen legen großen Wert auf solche Dinge. Zudem können Sie so signalisieren, dass mit den Mitteln auch gut gewirtschaftet wird.
- Legen Sie dar, wie bekannt Sie in Ihrer Region sind. Machen Sie deutlich, dass eine große Gruppe von Bürgern hinter Ihnen steht. Besonders für Unternehmen wichtig: Wie viele potentielle Kunden erreicht das Unternehmen durch Sie?
- Welches Image besitzen Sie? Passt Ihre Initiative zum Unternehmen und umgekehrt? Wenn Sie sich gegen eine Umgehungsstraße aussprechen, ist das örtliche Autohaus wahrscheinlich kein guter Partner.
- Was können Sie dem Spender bieten? Um für Ihre Sache zu werben, müssen Sie potentiellen Förderern etwas anbieten können. Welche Möglichkeiten hat ein Unternehmen sich zu präsentieren (auf Veranstaltungen, mit Flyern etc.)?

Seien Sie mit Ihren Angeboten so konkret wie möglich. Je handfester, desto besser. Menschen wollen etwas sehen für ihr Geld und es am besten auch noch anfassen können. Sie werden wenig Erfolg haben, wenn Sie allgemein nach Unterstützung fragen und keine Antwort geben können, wofür das Geld verwendet werden soll. Sagen Sie konkret, was Sie benötigen, zum Beispiel die Bitte um Unterstützung eines Straßenfestes. Oder drücken Sie es in Geld aus: Wir benötigen 400 Euro für neue Trikots unserer Jugendmannschaft.

Spender suchen

Die einfachste Art Spender zu finden ist wieder per Telefon. Allerdings ist es unangenehm, um Geld zu bitten und es wirkt auch schnell aufdringlich (zudem ist es eigentlich per Gesetz verboten). Deshalb erläutern Sie nur Ihr Anliegen und fragen Sie, ob Sie schriftliches Infomaterial schicken dürfen. Dies können Sie natürlich auch einfach so tun, ein erster Kontakt kann aber hilfreich sein. Sie wissen so, ob sich das Porto überhaupt lohnt, haben vielleicht gleich einen Ansprechpartner oder können sich Tipps holen, wie und in welcher Höhe der potentielle Spender schon aktiv ist. Noch besser ist es natürlich, Sie haben schon einen Ansprechpartner. Sie als Lobbyist müssen über eine Vielzahl von Kontakten verfügen. Nutzen Sie diese. Wer könnte infrage kommen? Wenn Sie einen Tipp bekommen, können Sie an diese Person direkt herantreten. Erzählen Sie, wer sie geschickt hat. Ein gemeinsamer Bekannter ist immer gut für die erste Kontaktaufnahme.

Sie brauchen auf jeden Fall schriftliches Material. Keiner hat Zeit und Lust, sich Ihre Kontaktdaten aufzuschreiben.

Spendenbriefe schreiben

Als schriftliches Material müssen Sie einen Spendenbrief und eine Kurzdarstellung Ihrer Arbeit als Flyer parat haben. Wenn Sie noch keinen Flyer haben, können Sie ausnahmsweise auch die Rückseite des Briefes für eine Kurzdarstellung nutzen. Der Brief muss so kurz wie möglich sein (höchstens eine DIN-A4-Seite) und sofort auf den Punkt kommen. Wenn sie Geld haben wollen, dürfen Sie nicht auch noch Zeit stehlen! Im Brief muss stehen:

- Ein Einleitungssatz, wer ist die Initiative, der Verein?
- Warum wurde gerade dieser Spender ausgewählt (direkte Ansprache)?
- Warum wird die Spende benötigt?
- Wofür wird die Spende verwendet?
- Wo gibt es Ansprechpartner und weitere Infos?
- Zusicherung, dass die Verwendung der Spenden dem Spender mitgeteilt wird.
- Möglichkeit eine Spendenbescheinigung auszustellen (bei gemeinnützigen Vereinen).

Mit diesem Schreiben können Sie an potentielle Spender herantreten. Nach dem ersten Kontakt können Sie ca. zwei Wochen später noch mal nachfassen, ob sich etwas ergeben hat. Ansonsten üben Sie sich in Geduld.

Spender an die Organisation binden

Sagen Sie „Danke". So wichtig und eigentlich selbstverständlich das ist, wird es doch häufig im Trubel vergessen. Ein Brief mit ein paar freundlichen Worten kostet nicht viel und signalisiert, dass Sie das Engagement des Spenders zu schätzen wissen. Oder liefern Sie eine Urkunde, eine kleine Erinnerung etc.

Informieren Sie über den Verbleib der Spende. Ein paar Photos davon, was mit dem Geld oder der Sachspende geschehen ist, finden Aufmerksamkeit. Gerade Bilder von gelungenen Aktionen oder glücklichen Menschen wirken Wunder.

Weisen Sie auf zukünftige Aktionen hin. Wenn Sie dies in Ihrem Dankesschreiben elegant einfließen lassen, kann sich Ihr Spender gleich darauf einstellen.

Wenn Sie langfristig arbeiten wollen: Versuchen Sie einen Förderkreis oder -verein aufzubauen. Sie binden damit Spender an sich, die sich auch weiterhin für Ihre Sache einsetzen. Wenn der Kreis etabliert ist, können Sie die Mittelbeschaffung diesem Kreis überlassen. Sie können sich dann auf das Wesentliche konzentrieren.

2. Was tun?

Das einfachste ist natürlich, eine Person oder Institution kommt von selbst auf Sie zu und bietet finanzielle Unterstützung an. Leider ist das auch die unwahrscheinlichste Variante. Sie müssen in den allermeisten Fällen schon selbst aktiv werden.

2.1 Sponsoring

Sponsoring findet meistens durch Unternehmen statt. Die Unterstützung kann durch Sachspenden erfolgen oder finanzieller Art sein. Unternehmen versuchen durch Sponsoring einen Imagegewinn zu erzielen oder möchten Werbung in eigener Sache machen. Strenggenommen handelt es sich deshalb um keine Spende, sondern um ein Geschäft. Der Empfänger hat eine Gegenleistung zu erbringen (zum Beispiel das Logo der Firma auf Plakate oder Broschüren zu drucken). Denken Sie also daran, dass von Ihnen eine Gegenleistung erwartet wird. Sie müssen deshalb den Nutzen sehr deutlich machen, den das Unternehmen bei der Unterstützung Ihrer Sache erhält.

In der Regel ist es einfacher, Sachspenden zu erhalten. Produkte der Firmen oder ausgediente Einrichtungsgegenstände sind eher zu bekommen als finanzielle Unterstützung. Überlegen Sie sich vorher, was Sie benötigen. Seien Sie auch hier kreativ.

Ein Sportverein plante sein jährliches öffentliches Sommerfest. Den örtlichen Unternehmen wurde angeboten, statt eines finanziellen Beitrages Sachspenden oder Dienstleistungen einzubringen. Der Grillstand auf dem Fest wurde vom örtlichen Bauunternehmer betrieben. Mitarbeiter stellten sich bereit, die Gäste zu „begrillen". Die Einnahmen wurden für neue Tore auf dem Fußballfeld verwendet. Der Unternehmer übernahm den fehlenden Betrag, der durch die Einnahmen nicht gedeckt wurde.

„Steuerlich zählen Sponsoring-Einnahmen zum wirtschaftlichen Geschäftsbetrieb, wenn sie vertraglich eine Gegenleistung des Gesponsorten festlegen wie z.B. aktive Hervorhebung des Sponsors im Text der Vereinszeitschrift. Dagegen ist die Duldung von Anzei-

gen, in denen der Sponsorbetrieb auf die Sponsoring-Kooperation
aufmerksam macht und mit ihr wirbt, keine Gegenleistung im Sinne
des Steuerrechts." (aus www.wegweiser-buergergesellschaft.de)

2.2 Aktien

Mit symbolischen Aktien kann man Spenden einwerben. Nüchtern
betrachtet handelt es sich um eine Urkunde, die dem Besitzer die
Spende eines bestimmten Betrages signalisiert. Aber es sieht einfach
schöner aus, wenn auf der Urkunde „Aktie" als Überschrift steht. Sie
brauchen für diese Aktion eine konkrete Idee, die sich „verkaufen"
lässt. Am besten die Menschen können hinterher sehen, was Sie
erworben haben. Es muss für den Bäcker oder die Apotheke pres-
tigeträchtig genug sein, um ins Schaufenster gehängt zu werden.
Die Aktion muss dementsprechend auch mit einem effektiven Marketing (Veranstaltungen, Presse) unterstützt und langfristig angelegt
werden. Die Aktie muss das Aussehen einer echten Aktie besitzen,
dementsprechend ist auch gute Papierqualität notwendig. Aber
Vorsicht: Was passiert, wenn nur wenige Aktien verkauft werden
und das Geld nicht reicht, um das Ziel zu realisieren? Was kann
den Aktienbesitzern dann angeboten werden? Haben Sie einen
Notfallplan zur Hand.

Der BUND verkauft Aktien als Anteile am Grünen Band. Das Grüne
Band ist das ehemalige Grenzgebiet zur DDR und mit einer Reihe
seltener Tier- und Pflanzenarten gesegnet. Mit dem Kauf der Aktie
erwirbt der Spender symbolisch ein Grundstück im Gebiet. Der
Kaufpreis wird für Gebietsankäufe verwendet. Schirmherr der Aktion
ist Michael Gorbatschow.

2.3 Matching funds

Diese Art der Spendenwerbung ist in England und Amerika weit
verbreitet. Die Idee der Matching Funds ist die Spendenvervielfa-
chung. Es gibt zwei Varianten: Eine Person oder Institution stellt
einen größeren Förderbetrag in Aussicht, unter der Voraussetzung,
dass sich andere in gleicher Höhe beteiligen. Oder eine Person
oder Institution sagt zu, jeden gespendeten Betrag (ggf. bis zu einer
bestimmten Höhe) durch eine eigene Spende zu verdoppeln, zu

verdreifachen etc. Sie brauchen also für diese Idee einen oder mehrere Hauptspender, die bereit sind, einen größeren Betrag zu spenden. Diese sind natürlich nicht einfach zu finden, weshalb sich die Idee eher lohnt, wenn schon ein großzügiger Spender gefunden wurde.

Matching Funds appellieren an den Ehrgeiz der Menschen. Für potentielle Spender bedeutet es einen nicht zu unterschätzenden Anreiz, wenn man mit seiner Spende noch weitere Gelder mobilisieren kann. Zudem wird lieber gespendet, wenn man weiß, dass auch andere Geld dazugeben und sich genauso engagieren. Ihre Mitarbeiter erhalten mit dieser Methode einen konkreten Anreiz, ihre Arbeit und Energie in die Spendenwerbung zu investieren. Die Hälfte ist ja schon erreicht (mehr oder weniger). Es fällt einfach leichter sich zu engagieren, wenn ein positives Erlebnis gleich am Anfang steht. Und es steht ein konkretes Ziel der Arbeit vor Augen: zum Beispiel 1000 Euro einzusammeln, um insgesamt 2000 Euro zu erhalten. Wichtig ist auch hier wieder, dass das Geld nicht auf irgendeinem Konto landet, sondern für ein konkretes Projekt ausgeben wird. Und genau wie bei der Methode des Aktienverkaufs muss intensiv für die Idee geworben werden.

Eine Gruppe von Computerfachleuten entwickelt derzeit einen 100-Dollar-Laptop, um Menschen in Entwicklungsländern Zugang zu Rechnern und zum Internet zu ermöglichen. Auf den Webseiten des Projektes kann man sich über den aktuellen Entwicklungsstand, über Verbreitungspläne und die beteiligten Freiwilligen informieren – und das Versprechen abgeben, für die Entwicklungshilferechner zu spenden. Jeder Spender kann für 300 Dollar drei Rechner erwerben – um zwei davon direkt bedürftigen Kindern zu Verfügung zu stellen. (http://www.pledgebank.com)

2.4 Tombolas

So einfach diese Idee ist, der Erfolg gibt immer wieder Recht. Menschen lieben Spiele: Sie kaufen Lose für einen guten Zweck und haben dabei noch die Möglichkeit, etwas zu gewinnen. Fragen Sie Firmen nach Sachspenden. Das können deren Produkte, Ladenhüter aus Geschäften, Einkaufsgutscheine etc. sein. Wenn Sie mit einer öffentlichen Erwähnung der Firmen aufwarten können, werden Sie in vielen Fällen offene Türen einlaufen. Auf eigenen Festen oder auch auf anderen Veranstaltungen (zum Beispiel Stadtfesten), können Sie so Ihr Budget aufbessern. Suchen Sie sich eine Truppe, die gerne Menschen anspricht. Erfahrungsgemäß müssen Sie auf die Menschen zugehen. Nehmen Sie sich ein Beispiel an den Losverkäufern auf dem Jahrmarkt.

Nichtöffentliche Lotterien, also alle, die nur einem bestimmten Personenkreis wie Vereinsmitgliedern zugänglich sind, sind nicht steuerpflichtig. Wenn Sie öffentlich, z.B. auf einem Straßenfest nur Lose bis zu einem Gesamtbetrag von 650 € verkaufen, ist dies auch noch steuerfrei. Größere Tombolas müssen bei der örtlichen Genehmigungsbehörde angemeldet werden (Bürgermeisteramt, Landratsamt, Wirtschaftsdezernat u.Ä.) und sind als Zweckbetrieb steuerpflichtig. (aus: www.wegweiser-buergergesellschaft.de)

2.5 Feste, Parties etc.

Auch diese Möglichkeiten ist immer für kleine Beiträge gut. Auf sogenannten Soli-Parties kann der Verkauf von Getränken oder Verpflegung für Einnahmen sorgen. Auch Feste sind hierfür bestens geeignet. Unterschätzen Sie aber nicht den Aufwand, den es bedeutet, eine Veranstaltung zu organisieren (siehe auch Kap. Öffentlichkeitsarbeit). Denken Sie auch an die gute alte Sammelbüchse. Auch wenn der Erfolg in der Regel bescheiden ist, sollte immer eine Möglichkeit bestehen, schnell den einen oder anderen Euro spenden zu können.

2.6 Buß- und Strafgelder

Gerichte verhängen Straf- oder Bußgelder häufig mit der Auflage, diese gemeinnützigen Organisationen zukommen zu lassen. In Ihrem Amts- oder Landesgericht können Sie kostenlos einen Antrag erhalten. Der einfachste Weg ist wieder der Gang zum Telefon. Rufen Sie beim Gericht an und fordern Sie den Antrag an. Die Strafrichter können frei entscheiden, welcher Organisation sie Bußgelder zu kommen lassen. Machen Sie also hier Lobbyarbeit in eigener Sache. Informieren Sie Richter und Rechtsanwälte über Ihr Tätigkeitsfeld. In der Regel sind die Verwaltungen bereit, ihr Material an die zuständigen Richter zu verteilen. Wenn Sie natürlich persönlichen Kontakt aufbauen können, umso besser.

> *Bußgelder sind keine Spenden, also keine Spendenbescheinigung ausstellen. Informieren Sie die Justizbehörde sofort über den Eingang der Bußgelder. Oft gibt es ein von der Justiz herausgegebenes Merkblatt für das Verfahren.*

2.7 Institutionelle Zuschüsse

In vielen Städten und Gemeinden gibt es Möglichkeiten, institutionelle Zuschüsse zu erhalten. Auskünfte über die Möglichkeiten von Förderungsmöglichkeiten seitens Ihrer Gemeinde oder Stadt können Sie bei der zuständigen Verwaltung erhalten. Auch hier ist der einfachste Weg wieder ein Telefonanruf. Aufgrund der finanziellen Situation der öffentlichen Haushalte fließen die Mittel zur Finanzierung von Vereinen oder Initiativen nur noch spärlich. Vielerorts sind die Chancen größer für einzelne Aktionen wie Straßenfeste zusätzliche Unterstützung zu erhalten. Wenn Sie über ein gutes Netzwerk verfügen, fragen Sie einfach, wer über Fördertöpfe Bescheid weiß. Wenn Ihre Aktion oder Ihr Projekt von öffentlichem Interesse ist, finden sich immer Möglichkeiten.

2.8 Projektanträge

Projektanträge schreiben, ist nicht einfach. Verabschieden Sie sich gleich von der Idee, dass man in zwei Tagen einen Antrag zusammengestückelt bekommt, dieses Papier einreicht und zwei Wochen später ergießt sich ein Geldregen auf Ihren Verein. So funktioniert es einfach nicht. Über das Schreiben von Anträgen könnte man ein eigenes Buch schreiben. Hier kann es nur ein paar Tipps geben, was Sie beachten müssen.

- Stiftungen und Fördermöglichkeiten müssen Sie suchen. Leider gibt es dazu keine praktikablen Hilfen. Suchen Sie im Internet oder fragen Sie Ihre Verbündeten in Politik und Verwaltung.
- Ein Antrag muss detailliert beschreiben, wofür Sie das Geld ausgeben wollen. Sie müssen im Antrag deutlich machen, was Sie wollen und wie Sie es erreichen wollen. (Zieldefinition!)

- Nutzen Sie wieder die Struktur aus dem Kapitel „Planung", um den Antrag vorzubereiten (Zeitplan, Ziele, Mitarbeiter etc.). Und denken Sie daran, es dauert immer länger, als man denkt.
- Machen Sie deutlich wo der Vorteil für die Geldgeber liegt.
- Was können Sie einbringen? Warum können gerade Sie das Projekt erfüllen?

Skizzieren Sie Ihre Idee anhand dieser Punkte auf einer Seite. Damit können Sie hausieren gehen und potentielle Förderer suchen. Die meisten Stiftungen und Förderer geben detailliert an, was Sie von einem Antrag erwarten.

Checkliste: Fundraising

- *Wofür wird Geld/werden die Sachmittel benötigt?*

- *Was wollen wir mit der Unterstützung machen?*

- *Was können wir anbieten?*

- *Wen können wir ansprechen?*

- *Wie können wir Spender erreichen?*

- *Welche Methode ist angemessen?*

- *Wer kann die Suche nach Mitteln übernehmen?*

- *Haben wir schriftliches Material parat?*

- *Was wollen wir langfristig erreichen?*

VI. Lobbyarbeit im eigenen Verband – das Team mitnehmen/die Gruppe voranbringen

Für Ihre Lobbyarbeit sind Sie auf die Hilfe anderer Menschen angewiesen. Alleine werden Sie wenig erreichen. In den vorangegangenen Kapiteln wurde oft genug darauf hingewiesen. Leider ist die Arbeit in Gruppen nicht immer einfach. Gruppen haben ihre eigenen Regeln, nach denen sie funktionieren. Erinnern Sie sich noch an Ihre Schulzeit? Auch Ihre Klasse funktionierte nach gewissen Regeln. Gute Lehrer kennen diese und können damit arbeiten.

Einzelne Mitschüler nehmen in einer Klasse, häufig ohne es zu wissen, Rollen ein. Es gibt den Klassenclown, den Besserwisser, den Störer, den Außenseiter etc. Wenn Sie schon länger in einem Team arbeiten, werden in diesem Augenblick sicherlich einige Ihrer Mitglieder vor Ihren Augen erscheinen.

Sie können allerdings hier ansetzten und Ihre Gruppe voranbringen. Verschiedene Prozesse laufen immer wieder nach dem gleichen Schema ab. Erkennen Sie die Strukturen, die hinter gewissen Verhaltensweisen stehen, können Sie diese im Sinne der Gruppe beeinflussen.

1. Grundlagen:
Die Menschen verstehen

Jeder Mensch bringt seine eigenen Erfahrungen, sein Wissen, kurz seine Geschichte in die Gruppe ein. Daraus resultieren Erwartungen. Diese verschiedenen Erwartungen und Wünsche von allen Mitgliedern unter einen Hut zu bekommen, ist gar nicht so einfach.

Man kann es auch anders ausdrücken: Jeder Mensch besitzt ein Eigeninteresse. Wenn Sie das Engagement der Menschen fördern wollen, müssen Sie das Eigeninteresse kennen. Das Eigeninteresse definiert sich aus der Biografie des Menschen. Prüfen Sie sich selbst: „Warum engagieren Sie sich?" Machen Sie es in Ihrer Gruppe genauso: Fragen Sie, warum die Menschen dabei sind. Sie können viele Standpunkte Ihrer Mitglieder dann besser verstehen. Doch keine Angst, Sie müssen nicht jeden Lebenslauf in Ihrer Gruppe kennen und berücksichtigen. Menschen sind auch bereit sich überzeugen zu lassen. Wichtig ist nur, das Eigeninteresse der Mitglieder ernst zu nehmen und Freiräume zur Verwirklichung zu lassen.

Besonders bei inhaltlichen Streitigkeiten kann die Suche nach Interessen Konflikte lösen. Vielleicht findet sich ein Weg, wie jede Partei ihr Interesse befriedigen kann.

Bei der Aktion „Unser Dorf soll schöner werden" traf sich die Gruppe, um im Vorfeld auszuloten, was getan werden muss. Dabei zeigte sich schnell, dass jeder der Anwesenden einen anderen Ansatz verfolgte. Der eine forderte Verkehrsberuhigung, der andere Sackgassen, der Dritte mehr Bäume und der Vierte bessere Fußwege. Interessant ist es zu erfahren, warum die verschiedenen Personen so unterschiedliche Ansätze verfolgen. Der Eine ist eventuell in der Stadt aufgewachsen und liebt die Ruhe ohne den Autoverkehr. Der andere ist auf dem Land aufgewachsen und will seinen Garten nutzen. Der Dritte will ganz einfach Schatten auf dem Gehweg, da er direkte Sonne nicht verträgt, und der Letzte wurde ordnungsliebend erzogen und ärgert sich über den schlechten Zustand der Fußwege.

Ähnlich wie Eigeninteresse hat auch jeder Mensch Bedürfnisse, die er erfüllt haben möchte. In einer Gruppe besitzen Menschen spezielle Bedürfnisse. Man spricht von vier Hauptbedürfnissen:

- Kontakt: Der Mensch ist ein soziales Wesen. Er benötigt Kontakte zu anderen.
- Sicherheit: Jeder Mensch hat ein mehr oder weniger ausgeprägtes Bedürfnis nach Sicherheit. Auch in der Gruppe sucht er nach Sicherheit.
- Autonomie: Das Bedürfnis nach Autonomie muss ebenfalls in der Gruppe erfüllt werden. Der Einzelne will als Mensch ernst genommen werden.
- Gerechtigkeit: Dieses Bedürfnis wird häufig unterschätzt. Auch in der Gruppe besteht ein ausgeprägtes Gefühl für Gerechtigkeit.

Diese Grundbedürfnisse, die jeder Mensch in unterschiedlichem Maße in der Gruppe erfüllt haben möchte, kann man noch weiter ausdifferenzieren. Für Ihre Arbeit reicht es, wenn Sie sich auf diese vier konzentrieren. Behalten Sie die Bedürfnisse der Menschen im Hinterkopf. Gibt es einen Konflikt in der Gruppe, prüfen Sie ob ein Bedürfnis nicht erfüllt worden ist. Dann können Sie zielgerichtet darauf einwirken. Viele personenbezogene Konflikte gehen auf die Verletzung von Bedürfnissen zurück. Jemand fühlt sich ausgegrenzt, unsicher, nicht in seiner Arbeit anerkannt, ungerecht behandelt etc. Arbeiten Sie deshalb im Konfliktfall mit diesem Schema. Prüfen Sie, welches Bedürfnis gerade verletzt worden ist.

Bei einer Sitzung der Initiative gegen den Regionalflughafen platzte einem Teilnehmer der Kragen. Unvermittelt fing er an, über die Gruppe und die Arbeit loszuschimpfen. Nachdem er sich wieder beruhigt hatte, wurde die Ursache deutlich: Schon seit längerem wollte er seine Vorschläge einbringen, wurde aber immer von zwei Personen unterbrochen, die die Gruppe mit Ihren Redebeiträgen dominierten. Er fühlte sich schlicht ungerecht behandelt, da er nie zu Wort kam und keiner seine Vorschläge ernst nahm. Mit anderen Worten: Sein Bedürfnis nach Gerechtigkeit wurde verletzt. Die Gruppe einigte sich auf eine Redeliste, so wurde sichergestellt dass jeder mitdiskutieren konnte. Der Konflikt war damit beruhigt.

2. Was tun?

2.1 Die Entwicklung von Gruppen beeinflussen

Jede Gruppe ist anders, und doch sind die grundlegenden Strukturen in der Entwicklung immer wieder gleich. Verschiedene Phasen kennzeichnen das Entstehen von Gruppen. Diese lassen sich schematisch darstellen. (Die folgende Beschreibung beruht auf dem 5-Phasen-Modell nach Garland, Jones und Colodny. Es basiert auf Untersuchungen der Autoren im Bereich der sozialen Gruppenprozesse. Der Einfachhalt halber wurde die letzte Phase „Trennung der Gruppe" weggelassen).

Prüfen Sie, in welcher Phase sich Ihre Gruppe gerade befindet. Planen Sie dementsprechend den Verlauf der Sitzung.

Die 1. Phase, Forming: Orientierung und Annäherung

Die Gruppe ist noch neu, jeder muss erst einmal seinen Platz in der Gruppe finden. Die Mitglieder stellen sich aufeinander ein, es wird geschaut, wer sonst noch in der Gruppe ist und ob die eigenen Vorstellungen und Wünsche mit der Wirklichkeit übereinstimmen. In dieser Phase sollte der lockere Austausch im Vordergrund stehen. Die inhaltliche Arbeit steht jetzt hintenan. Wichtig ist, hier die emotionale Ebene zu berücksichtigen.

Die 2. Phase, Storming: Positionen beziehen

Die Gruppe hat sich gefunden und ist miteinander vertraut geworden. Jetzt werden eigene Interessen vertreten, Wünsche formuliert und Meinungen ausgetauscht. Die inhaltliche Auseinandersetzung gewinnt an Bedeutung. Erste Konflikte werden ausgetragen. In dieser Phase ist es notwendig, jedem Mitglied Raum zu geben seine Vorstellungen einbringen zu können. Jeder muss sich in die Diskussion einbringen können. Auseinandersetzungen sind jetzt gut und wichtig für die Gruppe. Werden diese unter den Tisch gekehrt, tauchen Sie später in der inhaltlichen Arbeit wieder auf.

Die 3. Phase, Norming: Klärung

Regeln und Normen werden gesucht, nach denen die Gruppe arbeiten kann. Die Zusammenarbeit erhält eine Struktur. Rollen werden verteilt, „Rangordnungen" festgelegt. Auch die inhaltliche Ausrichtung wird geklärt. Ist diese Phase erfolgreich zu Ende gebracht, ist der Weg frei für die eigentliche Arbeit. Die Regeln, nach denen die Gruppe arbeitet, müssen von allen akzeptiert werden. Hängen Sie sie offen an die Wand und setzten Sie sie konsequent durch. Grundsätzliches muss jetzt geklärt sein, sonst werden damit verbundene Konflikte immer wieder auftauchen und Zeit in Anspruch nehmen. Versuchen Sie allzu feste „Rollen" der Teilnehmer zu verhindern. Bremsen Sie Vielredner, wechseln Sie die Moderation etc.

Die 4. Phase, Performing: Inhaltliche Arbeit

Die Gruppe ist miteinander vertraut. Verantwortlichkeiten sind festgelegt und die Struktur der Arbeit ist geklärt. Die Unterschiede und Gemeinsamkeiten sind deutlich geworden und akzeptiert. Die inhaltliche Arbeit steht im Vordergrund. Diese Phase ist nicht statisch. Neue Gruppenmitglieder, der Verlust alter Hasen oder externe Einflüsse machen eine Neuorientierung der Gruppe nötig. Die Gruppe muss dann neue Absprachen zur Sach- und Beziehungsebene treffen. Es finden immer wieder „Miniprozesse" analog der ersten drei Phasen statt. Initiieren Sie diese Miniprozesse, wenn Sie Konflikte in dieser Richtung feststellen.

Nachdem der „Kopf" der Gruppe sich aus persönlichen Gründen zurückzog, herrschte erst mal Verwirrung. Wie geht es weiter? Wer soll die Gruppe moderieren? Die Beziehungs- und die Sachebene mussten neu definiert werden. Die Gruppe setzte sich ein Wochenende zusammen und fing wieder von vorn an.

Dabei half das Schema des Entwicklungsprozesses: Zuerst wurden alte Konflikte in der Gruppe thematisiert, über Rollen und Beziehungen gestritten. Im Anschluss wurde die Neuausrichtung der Gruppe geklärt. Schließlich wurden Verantwortlichkeiten neu verteilt. Am Schluss konnte die Gruppe die inhaltliche Arbeit des nächsten Jahres beschließen.

Checkliste:
In welcher Phase befindet sich Ihre Gruppe?

Forming: Die Gruppe findet sich noch. – Geben Sie Zeit und Raum zum Kennenlernen.

Storming: Die Gruppe diskutiert Wege und Schwerpunkte. – Lassen Sie Platz für Diskussionen. Konflikte müssen ausgetragen werden.

Norming: Verantwortlichkeiten und Rollen werden geklärt. – Stellen Sie sicher, dass alle die gemeinsam gefundenen Regeln akzeptieren.

Performing: Es wird an de Sache gearbeitet. – Verweisen Sie im Konfliktfall auf die vorher festgelegten Regeln. Jetzt steht die Sache im Vordergrund.

2.2 Muster und Rollen in Gruppen verändern

In jeder Gruppe werden Rollen besetzt. Diese werden sowohl von den Mitgliedern aktiv ergriffen als auch von anderen Mitgliedern passiv aufgedrückt. Jeder sollte sich seiner Rolle bewusst sein und jeder muss wissen, dass sie wichtig a) für die Gruppe und b) nicht für alle Zeiten festgeschrieben ist.

Thematisieren Sie die Rollenverteilung in Ihrer Gruppe. Suchen Sie ein Mitglied Ihrer Gruppe, welches die folgenden Punkte vorstellt. Ihre Gruppe wird überrascht sein, was alles zutrifft.

Der Verantwortliche

Nicht selten sind die Personen, die die Gruppe initiiert haben, auch während der Arbeit die treibende Kraft. Sie besitzen einen Informationsvorsprung, engagieren sich stark für das Ziel und übernehmen viele Aufgaben.

Gut: Ohne diese Menschen würde die Gruppe nicht vorankommen. Eine Person muss bereit sein, die Verantwortung zu übernehmen.

Schlecht: Diese Rolle geben die Verantwortlichen in den meisten Fällen nicht wieder ab. Mal mehr, mal weniger freiwillig übernehmen sie alle wichtigen Arbeiten, Entscheidungen und die Außendarstellung der Gruppe. Für andere bleibt nicht mehr viel Platz. Die Mitglieder werden mehr und mehr passiv und ziehen sich zurück. Am Ende bleibt alles an einer Person hängen. Diese ist überlastet und beklagt sich zunehmend über die Passivität der anderen.

Was tun: Wichtige Entscheidungen müssen von der Gruppe getroffen werden. Passive Mitglieder müssen nach Ihrer Meinung gefragt werden. Jeder in der Gruppe muss einen eigenen Verantwortlichkeitsbereich besitzen. Wenn eine Aufgabe übernommen wird, sollten mehrere Person daran beteiligt sein. Beim nächsten Mal kann dann eine andere Person die Verantwortung tragen.

Der Passive

Genau das Gegenteil von den Verantwortlichen. Sie sind unregelmäßig bei den Treffen dabei, hören zu und bringen nur selten eigene Vorschläge ein. Trotzdem sind sie bei wichtigen Aktionen und Veranstaltungen dabei.

Gut: Sie sind bereit zu helfen, wenn Not am Mann ist. Für die Gruppe sind sie wichtig, da sie einfache Aufgaben gerne übernehmen.

Schlecht: Das Potential dieser Menschen wird nicht genutzt. Durch Ihre Passivität signalisieren sie anderen, dass es sich nicht lohnt, aktiv zu werden.

Was tun: Aufgaben müssen speziell für diese Personen entwickelt werden. Aktiv nachfragen, welche Arbeiten diese Menschen besonders interessieren. Kleingruppen bilden, in denen sie die Aufgabe mit anderen lösen oder sich einfach gesondert treffen können, um Themen noch mal durchzusprechen.

Der Wohlfühlmensch

Für diese Menschen ist die Gruppe das Wichtigste. Sie suchen den Zusammenhalt und fühlen sich in einer Gruppe gut aufgehoben. Sie schlagen gemeinsame Aktivitäten vor, sorgen für eine angenehme Atmosphäre, kochen Kaffee oder backen Kuchen.

Gut: Sie sorgen für den Zusammenhalt der Gruppe. Auch sind sie die ersten, die Störungen ansprechen.

Schlecht: Es fällt ihnen schwer eine eigene Meinung zu vertreten. Sie sind häufig nur passiv an Diskussionen beteiligt. Die Gruppe verliert wieder Potential.

Was tun: Aufgaben abwechseln. Für die Stimmung bei den Treffen ist immer wieder jemand anders verantwortlich: Kuchenbacken, Getränke besorgen, etc. Genauso ist jeder mal verantwortlich, die Treffen inhaltlich vorzubereiten. Die Wohlfühlmenschen sollten bei der Vorbereitung der Treffen besonders unterstützt werden.

Der Motivator

Sie reißen die Gruppe mit. Sie wecken Begeisterung, bringen neue Ideen ein, versprühen Energie und sind immer gut gelaunt.

Gut: Sie bringen die Arbeit voran. Sie sind wichtig für die Gruppe, um neue Ziele zu entdecken.

Schlecht: Sie können die Bodenhaftung verlieren und sind enttäuscht bis zornig, wenn sich alles als viel schwieriger herausstellt, als ursprünglich geplant.

Was tun: Visionen gemeinsam entwickeln und daraus ein gemeinsames, erreichbares Ziel schmieden. Realistische Unterziele formulieren. Hierfür kann das Schema aus dem Kapitel Strategie genutzt werden.

Der Skeptiker

Sie sind der Gegenpart zum Motivator. Sie versuchen auf dem Boden der Tatsachen zu bleiben. Sie sind die Realisten in der Gruppe, die auf die Umsetzbarkeit der Vorschläge achten.

Gut: Sie haben den Blick für das Machbare und sorgen für realistische Ziele.

Schlecht: Sie können die Gruppe zu stark bremsen und Begeisterung in Resignation umschlagen lassen. Die Gruppe vermeidet Risiken. Sie können in einen dauerhaften Konflikt mit dem Motivator geraten und die Gruppe damit empfindlich stören.

Was tun: Kompromisse sichtbar machen. Auf die Argumente eingehen und für den Blickwinkel danken. Diese Menschen stark in der Phase der Zieldefinition einbeziehen. Wenn ein realistisches Ziel vor Augen steht, können sie für einen realistischen Weg sorgen. Spielerisch die Rollen auch mal verteilen: Eine andere Person wird bestimmt, die Rolle des Realisten zu erfüllen.

Der Außenseiter

Sie sind nicht in der Gruppe verhaftet und werden von allen gemieden. Fast jeder hegt eine persönliche Abneigung gegen diese Person. Sie sind irgendwie anders als der Rest.

Gut: Sie schweißen den Rest der Gruppe zusammen.

Schlecht: Weder die Person noch der Rest der Gruppe sind mit der Situation zufrieden.

Was tun: Persönliche Ansichten nach hinten stellen. Positive Sichtweise einführen – jede Gruppe braucht ihren Außenseiter. Ist diese Person nicht mehr vorhanden, wird es eine andere werden.

Persönliches Gespräch suchen. Welche Verhaltensweisen sind besonders auffällig? Der Person ein ehrliches Feedback geben, auch wenn es schwerfällt.

Checkliste: Wer sind Sie in Ihrer Gruppe?

Der Verantwortliche – *Sie führen und managen die Gruppe fast alleine?*

Der Passive – *Sie hören lieber zu als selber aktiv zu werden?*

Der Wohlfühlmensch – *Sie suchen die Harmonie in der Gruppe?*

Der Motivator – *Sie sind derjenige, der die Gruppe immer antreiben muss?*

Der Skeptiker – *Sie sind eher kritisch, was die Erfolgsaussichten angeht?*

Der Außenseiter – *Sie fühlen sich nie ganz wohl in der Gruppe?*

2.3 Kommunikation in Gruppen verbessern

Diskussionen sind das A und O jeder Gruppenarbeit. Häufig passiert es aber, dass das eigentliche Thema gar nicht mehr diskutiert wird. Es wird aneinander vorbeigeredet, keiner schafft es so recht, auf den anderen einzugehen und niemand versteht, was der andere will. In vielen Fällen ist das, was beim Zuhörer ankommt, etwas ganz anderes als das, was eigentlich gemeint war. Kommunikationsexperten erklären dieses Phänomen anhand verschiedener Ebenen, auf der Kommunikation abläuft. Eine Aussage besteht demzufolge aus der Sachebene, der Beziehungsebene, der Selbstdarstellungsebene und der Appellebene. Eine Nachricht hat entsprechend:

- Einen Sachinhalt – die Information
- Einen Beziehungsinhalt – wie steht der Vermittler der Nachricht zu den Empfängern?
- Eine Selbstdarstellung – jede Nachricht sagt auch etwas über den Sprecher aus
- Einen Appell – der Sprecher will damit etwas erreichen

Gleichermaßen gelten diese Ebenen auch für den Empfänger:

- Sachebene: Welche Informationen bietet mir die Nachricht?
- Beziehungsebene: Welches Verhältnis habe ich zum Sprecher?
- Selbstdarstellungsebene: Was will der Sprecher damit über sich mitteilen?
- Appellebene: Was will der Sprecher von mir?

Der Clou an dieser Darstellung ist die Vielschichtigkeit der Kommunikation. Hinter jeder Botschaft, die ein Mitglied Ihrer Gruppe aussendet, kann eine ganz andere Mitteilung stecken als erwartet. Sie müssen nicht in jedem Einzelfall herausfinden, welche Botschaft vermittelt werden sollte. Überinterpretationen sind schnell gemacht. Seien Sie einfach sensibel für das Thema und den Sprecher. In der Regel lernt man sich schnell kennen und kann dann einschätzen, welche Person vor einem sitzt. Besonders in Konfliktfällen ist es sinnvoll, sich die Kommunikationsprozesse anzuschauen.

Ein Mann und eine Frau sitzen beim Abendessen. Die Frau: „Heute schmeckt der Fisch aber komisch." Der Mann: „Kannst ja selber kochen". Verständlich, dass das Essen schnell beendet war. Warum hat der Mann so reagiert?

Der Sachinformation konnte der Mann eventuell zustimmen, der Fisch kann schlecht gewesen sein. Auf der Beziehungsebene hört der Mann Kritik an seinen Kochkünsten und möglicherweise ihr dauerndes Meckern. Zeitgleich kommt beim Mann die Botschaft an, dass die Frau denkt, sie könne besser kochen (Selbstdarstellungsebene). Und auf der Appellebene könnte die Frau mit der Aussage mitteilen, dass er sich mehr anstrengen muss.

In Ihrer Gruppe sollten Sie Regeln zur Kommunikation aufstellen. Sie müssen keine langen Gesetzestexte schreiben. Es reicht, ein paar Grundregeln aufzustellen. Auch hier werden Sie vielfach auf Vorbehalte stoßen. „Warum das Ganze?" Machen Sie deutlich, dass damit Spannungen und Konflikte vermieden werden können. Außerdem ist es nie zu spät, etwas dazuzulernen. Welche Regeln Sie benötigen, müssen Sie in Ihrer Gruppe diskutieren. Arbeiten Sie in einer sehr harmonischen Gruppe, genügen kleine Hinweise. Ist Ihre Gruppe durch Konflikte geprägt, müssen Sie klare Regeln aufstellen und auch einhalten. Folgende Grundlagen sind sowohl für Ihr eigenes Kommunikationsverhalten gedacht als auch als Basis für die Regeln Ihrer Gruppe.

Bitten Sie eine Person die Grundregeln der Kommunikation in der Gruppe vorzustellen. Vereinbaren Sie dann Regeln, wie miteinander umgegangen wird.

Seien Sie sich selbst gegenüber ehrlich

Wie wird die Botschaft des Gegenübers aufgenommen? Wenn Sie auf bestimmte Personen immer wieder allergisch reagieren, überlegen Sie, welche Ebene diese Person bei Ihnen anspricht. Will der Sprecher mir wirklich mitteilen, dass ... Oder sagt er etwas ganz anderes und ich nehme es nur mit einem anderen „Ohr" wahr? Und wie reagiere ich? Will ich einfach nur Recht behalten? Fragen Sie nach! Wenn Sie meinen etwas falsch verstanden zu haben, fragen Sie die Person einfach, was Sie sagen wollte. Selbst wenn Sie mit

Ihrer Frage danebenliegen, hat Ihr Gegenüber die Möglichkeit sich zu präzisieren.

In unserem Beispiel könnte der Mann einfach fragen: „Was meinst du? Ist der Fisch zu alt gewesen?".

Konstruktives Zuhören

Das Zuhören kann man trainieren: Zeigen Mitglieder durch ihre Körpersprache Ablehnung (verschränkte Arme, missmutiges Gesicht)? Werden bestimmte Mitglieder immer wieder unterbrochen? Machen Sie deutlich, dass jeder in der Gruppe das Recht hat, gehört zu werden. Es gibt verschiedene Methoden, das aktive Zuhören zu üben, zwei Beispiele:

Wiedergeben der Aussage: In eigenen Worten muss die Aussage des Gegenübers wiederholt werden. „Du schlägst also vor, ein Flugblatt zu erstellen, ..." Damit wird der Sprecher ernst genommen und Missverständnisse können vermieden werden. Der Redeleiter oder ein anderes Gruppenmitglied kann auch Aussagen zusammenfassen. Dann haben alle den gleichen Sachstand.

Ich-Aussagen geben: damit muss Position bezogen werden. „Ich bin der Meinung, dass ...", statt „man müsste mal ...". Damit wird eine Meinung deutlich, die auch verhandelbar ist. Lösungen können so leichter gefunden werden, da auch andere Meinungen zugelassen sind. Falsch ist immer der Anfang: „Du hast gesagt, ...", so glaubt das Gegenüber, sich verteidigen zu müssen.

Gleichberechtigt reden

Jeder muss sich an Diskussionen beteiligen. Jeder ist mitverantwortlich für den Verlauf der Diskussionen. Wenn nötig, fragen Sie regelmäßig die „Stillen" nach ihrer Meinung. Bleiben Sie selbst beim Thema und wiederholen Sie nicht bereits Gesagtes. Das gilt für alle aus der Gruppe. Auch die „Vielredner" müssen sich daran halten.

Konflikte ansprechen

Jeder ist für seine Interessen verantwortlich. Nur Sie wissen, was Sie gerade denken. Wenn etwas stört, ziehen Sie sich nicht zurück, sondern teilen Sie anderen Ihren Unmut mit. Auch hier gibt es verschiedene Methoden, um konstruktiv Konflikte in der Gruppe anzusprechen. Eine, die sich in der Praxis gut bewährt hat, ist die Blitzlichtmethode.

Arbeitshilfe Blitzlicht

Bei einem Konflikt wird mit dieser Methode der Streitpunkt genannt. Zum Beispiel: „Ich finde es schlimm, dass Frauen hier nie zu Wort kommen". Dann muss jeder in der Runde einen positiven Satz dazu sagen: „Ich finde es gut, dass ... (du das Thema auf den Tisch bringst, dir es genauso geht wie mir, du dir Gedanken um die Gruppe machst" etc.). Es kann dann sinnvoll sein, das Thema auf die nächste Sitzung zu verschieben (vorher deutlich machen), die Teilnehmer haben so Gelegenheit, sich auf den Konflikt einzustellen. Mit dieser Methode wird deutlich gemacht, dass der Konflikt alle angeht und nicht nur das Problem einer Person ist.

Führen Sie einfache Regeln ein. Sie können diese an die Wand schreiben und eine Sitzung lang ein Spiel daraus machen, dass alle sie anwenden müssen. Häufig wird das zu einigen Lachern führen, da es schwer ist, sich auf seine Aussage und die Regeln zu konzentrieren. Nach und nach wird sich das Kommunikationsverhalten der Gruppe anpassen. Sie werden merken, wie sehr es zur Entspannung der Diskussionen beiträgt.

Grundregeln für Streitgespräche:
- *Fragen Sie nach, was der Sprecher mit seiner Aussage meint.*
- *Wiederholen Sie die Aussage mit eigenen Worten.*
- *Erklären Sie, wie die Aussage bei Ihnen ankam.*
- *Fragen Sie direkt, was der andere sich wünscht.*
- *Fragen Sie, was Sie tun können, um die Situation zu verbessern.*

2.4 Zehn Regeln für die aktive Gruppe

1. Sitzungen strukturieren

Jede Sitzung braucht eine Struktur. Die Mitglieder können sich dann auf die Sitzung einstellen und wissen was auf sie zukommt. Erinnern Sie sich an den Ablaufplan aus dem Kapitel Strategie? Machen Sie für jede Ihrer Sitzungen einen schriftlichen Ablaufplan. Es reicht, wenn die Punkte die angesprochen werden sollen, allen vor Augen liegen.

Beispiel für einen Ablaufplan:

- *Anfangsrunde – Probleme der letzten Sitzung.*
- *Planung der Veranstaltung xy – Analyse und Ziel der Veranstaltung.*
- *Sonstiges – Peters Vorschlag zur Gruppenentwicklung – Methode Blitzlicht.*
- *Ausblick Finanzen – Wer beteiligt sich an der Haushalts-planung fürs nächste Jahr?*
- *Abschlussrunde – Wie war die Sitzung?*

Beginnen Sie jede Sitzung mit einer Anfangsrunde: Jeder Einzelne soll kurz vorstellen, wie es ihm geht, ob es etwas zu berichten gab, ob es Punkte gibt, die nicht auf der Liste stehen, aber besprochen werden sollen etc. Ein fester Anfang hilft, sich erst mal „warmzulaufen". Geben Sie in der Anfangsrunde Raum für aktuelle Dinge. Besonders Kritik und Probleme sollten nicht auf die nächste Sitzung verschoben werden müssen.

Jede Sitzung hat auch ihre Abschlussrunde: Jeder soll die Mög-lichkeit haben, Kritik und Lob zu formulieren: Wie war die Sitzung? Was war gut – was hat gestört? Was kann man nächstes Mal besser machen? Wer ist beim nächsten Mal wieder dabei? Fas-sen Sie am Ende noch mal die wichtigsten Punkte zusammen. Entscheidungen und Beschlüsse müssen noch mal gesondert vorgetragen und schriftlich festgehalten werden.

Die wichtigste Motivation für viele Menschen ist immer noch das Gruppenerlebnis. Wenn die Arbeit in der Gruppe Spaß macht, ist jeder bereit über seinen Schatten zu springen.

2. Sitzungen vorbereiten

Jedes Gruppenmitglied ist mal an der Reihe, die nächste Sitzung vorzubereiten und zu leiten. Damit werden Verantwortlichkeiten verteilt und Hierarchien verhindert. In der Regel bürgert es sich leider schnell ein, dass „der Verantwortliche" auch die Sitzungen leitet. Mit allen positiven und negativen Folgen. Versuchen Sie dies zu verhindern. Nur wenn Ihre Gruppe recht groß ist oder schon lange beisammen, ist dieser Weg akzeptabel. Die Vorbereitung der Sitzung sollte nicht eine Person allein machen. Es ist sinnvoll, eine feste Wechselreihenfolge einzuhalten. Dann kann die Vorbereitung im Dreiergespann geschehen: Die Person, die die letzte Sitzung leitete, die aktuelle Person und diejenige, die die übernächste Sitzung leitet. Damit werden mehrere Fliegen mit einer Klappe geschlagen:
Die letzte Sitzung ist noch präsent und Erfahrungen können weitergegeben werden, die Person in der Leitung ist nicht allein und kann sich absichern, die nächste Sitzung kann mit der übernächsten verzahnt und Themen eventuell nach hinten geschoben werden. Wie detailliert die Sitzung vorbereitet werden, müssen Sie selbst entscheiden. Einige Gruppen funktionieren so gut, dass eine Vorbereitung kaum noch nötig ist. Andere Gruppen benötigen eine intensivere Vorbereitung, besonders wenn die Gruppe noch neu oder sehr groß ist.

3. Diskussionen leiten

Eine kleinere Gruppe kann in der Regel ohne Diskussionsleitung funktionieren. Grob vereinfacht kann man sagen:

– Bis sieben Personen ist eine Kommunikation ohne Leitung denkbar.
– Bis 15 Personen kann eine aktive Leitung, also eine Person die mit in der Gruppe sitzt und mitdiskutiert, funktionieren.
– Bis 25 Personen kann eine Gruppe mit einer passiven Leitung (die Person sitzt außerhalb und moderiert) Diskussionen abhalten.
– Ab 25 Personen sollte die Gruppe aufgeteilt werden. Diskussionen sollten dann in Kleingruppen verlegt werden.

Natürlich handelt es sich hier wieder nur um ein Schema. Aber es gibt einen Eindruck, ab wann Diskussionen angesichts der Teilnehmerzahl strukturiert werden müssen. Eine Diskussionsleitung ist auch dann sinnvoll, wenn es hoch hergeht: Die Teilnehmer reden aneinander vorbei, unterbrechen sich gegenseitig etc. Um die Gemüter zu beruhigen, kann dann eine Diskussionsleitung bestimmt werden. Die Leitung sollte in Ihrer Gruppe rotieren. Jeder muss abwechselnd die Rolle des Moderators übernehmen. Der Einfachheit halber kann es die gleiche Person sein, die auch die Leitung für diese Sitzung innehat. Die Diskussionsleitung hat das Recht einzugreifen, die Person:

– sollte sich in den Diskussionen zurückhalten,
– kann Redezeiten begrenzen – besonders wirksam, um Vielredner zu bremsen,
– kann eine Redeliste mit der Reihenfolge der Wortmeldungen erstellen – jeder kann so zu Wort kommen,
– kann, wenn nötig, auch eine Diskussion in Kleingruppen aufteilen – eine gute Möglichkeit, um festgefahrene Diskussionen aufzubrechen,
– kann einen Schlussstrich ziehen – „Ich glaube wir kommen nicht weiter. Lasst uns hier eine Pause machen",
– fasst die Diskussion zusammen – das muss nicht nur am Ende passieren, sondern ist auch eine Möglichkeit, kleine Pausen einzufügen.

Vereinbaren Sie Aufgaben und Pflichten des Diskussionsleiters. Diese sind für alle verbindlich.

4. Ergebnisse festhalten

Halten Sie Ergebnisse schriftlich fest. Beschlüsse gehen nicht verloren und sind bindend. Außerdem haben nichtanwesende Mitglieder die Möglichkeit zu erfahren, was auf der letzten Sitzung behandelt wurde. Neumitgliedern können Sie die Protokolle der letzten Sitzungen in die Hand drücken. Sie können so mehr über die Gruppe erfahren.

Viele Protokolle beschreiben wortwörtlich, wer was wann gesagt hat. Wenn dann eine Wortmeldung nicht berücksichtigt wurde, gibt es Ärger. Sparen Sie sich die Mühe. Mehr als eine Seite Protokoll wird in der Regel eh nicht gelesen. Es reicht, ein sogenanntes Ergebnisprotokoll zu schreiben. Dieses sollte nicht mehr als eine

DIN-A4-Seite umfassen. Darin gehören der Ort und Termin der Sitzung, Anwesende, evtl. auch die entschuldigten Nichtanwesenden, Ablaufplan mit den Punkten, die besprochen wurden, und die Beschlüsse. Wichtig ist vor allen Dingen der letzte Punkt. Fragen Sie bei jeder Entscheidung nochmals nach, ob dieser Punkt beschlossen ist. Der Protokollführer soll ihn dann niederschreiben. Überprüfen Sie am Ende der Sitzung noch mal mit der Runde die Beschlüsse. Fragen Sie nochmals nach, ob das so entschieden wurde. Der Hintergrund: Vielfach kommt es vor, dass in der nächsten Sitzung von einzelnen Personen ein Beschluss noch mal angezweifelt wird. Vermeiden Sie diese Diskussionen und verweisen Sie auf das Protokoll. Erst wenn eine größere Anzahl der Mitglieder Zweifel anmeldet, muss eine erneute Diskussion stattfinden.

5. Aufgaben verteilen

Dieser Punkt wurde schon häufiger angesprochen. Trotzdem noch mal: Das A und O einer aktiven Gruppe ist, dass jeder seine Aufgabe hat und Aufgaben und Verantwortlichkeiten wechseln. Das hält die Gruppe zusammen. Jeder muss sich in die Position des anderen hineinversetzten können. Wer zum Beispiel unzufrieden mit der Moderation ist, muss es beim nächsten Mal besser machen.

6. Probleme gehören gelöst

So einfach und natürlich dieser Punkt klingt. Es kann ganz schön schwer sein, Probleme anzusprechen. Wer Probleme auf den Tisch bringt, muss sich damit auseinandersetzen und in der Regel auch Position beziehen.

Auch wenn es schwerfällt: Sprechen Sie Probleme in Ihrer Gruppe direkt an. Machen Sie deutlich, dass das Bekanntmachen eines Problems den ersten Schritt zur Lösung darstellt. Das Gute: Wenn das Problem erst mal bekannt ist, muss die Gruppe entscheiden wie damit umgegangen wird. Die Entscheidung wird von allen getragen, das Problem ist kein Problem eines Einzelnen mehr.

Wer kennt das nicht aus seinem privaten Leben? Es ist vielfach einfacher, sich selbst zu sagen „Das wird schon wieder" und dann weiterzumachen wie bisher. Manchmal verschwindet das Problem auch tatsächlich von selbst, in der Regel holt es einen aber doppelt so groß wieder ein.

7. Frust zulassen

Viele Gruppen kämpfen gegen Windmühlen. Man erreicht so wenig und will doch so viel. Da kann es schnell zu Frust und Ärger kommen. Wenn man dann nicht aufpasst, entsteht schnell eine „Jammer-Stimmung": „Alles ist so furchtbar, es hat ja doch keinen Zweck". Auch werden Sie immer wieder auf Personen treffen, die anscheinend den Sinn in ihrer Gruppe sehen, sich mal richtig „auszukotzen". Versuchen Sie dieser Frusthaltung Raum zu geben, ohne dadurch die Arbeit der Gruppe zu blockieren.

Eine Möglichkeit, die in der Regel gut funktioniert, ist Frust in Wünsche umzuwandeln: Stellen Sie die Frage: „Was wünscht du dir denn, sollte passieren?" Dann wird in der Regel schnell klar, dass der Wunsch unerfüllbar ist. Oder es findet sich ein Weg, einen Teilerfolg zu erzielen. Wie auch immer es dann weitergeht, wichtig ist den Frust in etwas Positives umzuwandeln. Den Frust einzelner Personen hingegen nicht zuzulassen ist kontraproduktiv: Sie werden die Gruppe fortwährend stören.

Gegen absolute „Nörgler" ist kein Kraut gewachsen. Sie sehen alles negativ und haben sich in der Rolle bequem eingerichtet. Sie müssen es ja nicht besser machen. Fangen Sie die „Nörgler" ein: Bei jedem Vorschlag fragen Sie den Nörgler direkt, was er davon hält. So muss er vorweg gleich Position beziehen. Mit etwas Glück wird dem Nörgler dann seine eigene Rolle lästig.

8. Klare Strukturen schaffen

Klare Strukturen sind für das Bestehen Ihrer Gruppe existentiell. Menschen arbeiten lieber innerhalb klarer Verantwortlichkeiten. Wer ist für was verantwortlich? Wer kann angesprochen werden, wenn etwas passiert? Wenn jedes Mal die Verantwortlichkeiten neu geklärt werden müssen, bleibt keine Zeit mehr für die eigentliche Arbeit. Finden Sie heraus:

– Welche Arbeiten müssen ständig gemacht werden?
– Welche Aufgaben fallen unregelmäßig an, sind aber absehbar?
– Welche Aufgaben fordern Verantwortlichkeiten?
– Welche Entscheidungen müssen regelmäßig oder unregelmäßig getroffen werden?

Benennen Sie jeweils Personen, die für diese Aufgaben und Entscheidungen verantwortlich sind. Halten Sie diese Verantwortlichkeiten schriftlich fest. Dann muss nicht jedes Mal in der Gruppe entschieden werden, wenn ein Kugelschreiber angeschafft wird.

9. Transparente Entscheidungen

Nichts ist kontraproduktiver für den Zusammenhalt einer Gruppe, als wenn immer nur eine kleine Clique, ein innerer Zirkel, die wichtigen Entscheidungen trifft. Deshalb:

– Termine zu Sitzungen müssen allen Mitgliedern frühzeitig bekannt gemacht werden.
– Fragen Sie bei Entscheidungen nach, ob es noch abweichende Meinungen gibt. „Besteht noch Diskussionsbedarf?"
– Fassen Sie die verschiedenen Meinungen zusammen, wenn nötig mehrmals in einer Diskussion. Betonen Sie, wie wichtig jede Position ist.
– Stellen Sie sicher, dass alle Anwesenden die Entscheidung mittragen (siehe Punkt Protokoll, dieses dient nicht nur dazu, Entscheidungen festzuhalten, sondern auch deutlich zu machen, wer die Entscheidungen getroffen hat).

Sie vermeiden mit dieser Politik viel Unmut und auch endlose, sich wiederholende Diskussionen über einmal beschlossene Sachen. Denken Sie wieder an das Eigeninteresse der Menschen. Keiner fühlt sich gerne ausgeschlossen.

10. Informationen für alle

Ebenso wie die Entscheidungen so transparent wie möglich sein sollten, müssen auch Informationen für alle verfügbar sein. Schaffen Sie Möglichkeiten, dass Informationen an alle weitergereicht werden. Richten Sie einen Infopoint ein. Das kann ein schwarzes Brett oder eine zentrale Anlaufstelle (Telefonnummer) sein. Nutzen Sie auch die Möglichkeiten, die das Internet bietet, zum Beispiel indem Sie Hintergrundmaterialien anbieten. Das macht die Sache einfacher und auch billiger.

Checkliste: So funktionieren Gruppen

– *Jeder Einzelne muss sich ernst genommen fühlen.*

– *Gruppen sind nie statisch. Je unterschiedlicher die Mitglieder, desto größer das Potential der Gruppe*

– *Alle Mitglieder sind gleichberechtigt. Reden immer nur dieselben Personen, fehlt das Wissen der „Stillen".*

– *Aktive Mitglieder sind in der Pflicht, den anderen Verantwortung zu überlassen.*

– *Jede Sitzung braucht ihre Struktur und muss vorbereitet werden.*

– *Ergebnisse müssen festgehalten werden.*

– *Aufgaben sollen verteilt werden.*

– *Probleme müssen thematisiert werden. Vermittelnde Gruppenmitglieder sind zur Konfliktentschärfung wichtig.*

– *Auch Frust muss seinen Raum haben.*

– *Verantwortlichkeiten müssen geklärt sein.*

– *Klare Entscheidungsstrukturen sind wichtig.*

– *Informationen müssen für alle da sein.*

3. Mitglieder gewinnen

3.1 Voraussetzungen

Manchmal hat man Glück und jemand kommt einfach vorbei, weil er von der Arbeit der Gruppe gehört hat. Das passiert allerdings nur sehr selten. Wenn Sie also mehr als nur Zufallstreffer bei Ihrer Mitgliederwerbung erreichen wollen, müssen Sie wieder eine Strategie haben. Bevor es losgehen kann, müssen aber erst wieder die Grundlagen geklärt sein. Diskutieren Sie in Ihrer Gruppe zuerst folgende Fragen:

Sind neue Mitglieder wirklich erwünscht – oder werden sie nur als notwendiges „Übel" hingenommen? Wenn die Gruppe schon länger zusammenarbeitet, können neue Mitglieder Störungen bedeuten. Andererseits sorgen neue Mitglieder auch für neue Ideen und Anregungen, die Gruppe bleibt lebendig.

Sind Rechte und Pflichten für beide Seiten geklärt? Welche Spielregeln gelten für die Zusammenarbeit? Sind diese Spielregeln bekannt und von allen akzeptiert? Die Spielregeln dienen auch dazu, neuen Mitgliedern einen Eindruck von der Gruppe zu vermitteln. Natürlich sind sie auch wichtig für das Funktionieren der Gruppe untereinander. Wenn Sie diese Fragen in Ihrer Gruppe beantwortet haben, können Sie zum nächsten Schritt übergehen:

Wen wollen wir?

Welche Art von Mitgliedern wollen Sie erreichen? Wollen Sie eher aktive oder passive Mitglieder gewinnen? Aktive Mitglieder beteiligen sich am Vereinsleben und sind auf der Suche nach Möglichkeiten, sich zu engagieren. Passive Mitglieder wollen den Verein in allgemeiner Form unterstützen. Sie wollen regelmäßig informiert werden und zahlen dafür ihren Mitgliedsbeitrag oder sind bereit zu spenden. In der täglichen Praxis gibt es selbstverständlich diese strenge Unterscheidung nicht. Die Übergänge sind fließend. Doch wenn Sie neue Mitglieder ansprechen wollen, ist es sinnvoll, diese Unterscheidung zu machen. Nicht jeder will sich aktiv einbringen. Viele sind interessiert, haben aber zum Beispiel keine Zeit, regelmäßig an Sitzungen teilzunehmen.

Haben Sie deshalb für beide Gruppen ein gesondertes Angebot parat. Eine Möglichkeit ist das Angebot, entweder als Mitglied oder als Unterstützer/Förderer bei Ihnen einzusteigen: Das Angebot als Mitglied dem Verein oder der Gruppe beizutreten gilt für alle, die sich aktiv einbringen wollen. Hier müssen die Angebote stimmen. Förderer oder Unterstützer kann jeder werden, der sich nur passiv betätigen möchte. Ein spezielles Angebot zum Mitmachen ist nicht nötig, aber regelmäßige Informationen sind Pflicht.

Beide Gruppen brauchen ihr jeweiliges Infopaket und müssen gesondert angesprochen werden.

Wen sprechen wir an?

Überlegen Sie jetzt, wen Sie ansprechen wollen. Definieren Sie Ihre Zielgruppen (siehe auch Kapitel Strategie/Öffentlichkeitsarbeit). Mit den Zielgruppen suchen Sie sich Bevölkerungsteile aus, die sie einfach erreichen können oder die sie aus internen Gründen erreichen wollen. Welche Menschen erreichen wir mit unserer Arbeit? Wer ist schon an unserer Sache interessiert? Wen können wir mit Informationen versorgen? Und so weiter. Je genauer Sie Ihre Zielgruppe kennen, desto einfacher ist es, ein Angebot zu schaffen. Denken Sie daran, dass Sie mit einem allgemeinen Aufruf nur wenig Interesse erreichen werden. Je spezieller Ihr Angebot, desto mehr Menschen werden Sie erreichen. Auch wenn es paradox klingen mag.

3.2 Was tun?

Feste Ansprechpartner bieten

Interessenten brauchen eine feste Ansprechperson. Diese muss zu verlässlichen Zeiten telefonisch erreichbar sein. Anfragen müssen sofort beantwortet werden. Nichts ist ärgerlicher, als erst nach Wochen eine Antwort zu bekommen.

Präsenz zeigen

Wer neue Mitglieder und Förderer sucht, muss präsent sein – zum Beispiel in der kommunalen Öffentlichkeit. Regelmäßige öffentliche Veranstaltungen, die sich bewusst nicht nur an Mitglieder richten, sondern an alle interessierten Bürgerinnen und Bürger sind gute Anlässe, um für sich zu werben. Jede Podiumsdiskussion, jede Aktion lässt sich nutzen, um Menschen anzusprechen – wenn deutlich wird, dass sie auch gebraucht werden.

Schriftliches Material bereitstellen

Für jede Werbung brauchen Sie schriftliches Material. Das kann ein einfacher Handzettel, aber auch ein grafisch aufgepepptes Flugblatt sein. Beschreiben Sie Ihre Gruppe und die Aufgabe, nennen Sie wieder Ansprechpartner, beschreiben Sie, wen sie suchen, und spezifizieren Sie die Angebote. Auf jedem Papier, welches sie produzieren, muss die Adresse des Vereines und das Angebot zum Mitmachen platziert sein. Ein Ansprechpartner mit Name, Telefonnummer und E-Mail-Adresse ist Pflicht. Legen Sie die Papiere auf jeder Veranstaltung aus.

Die einfachste und billigste Werbung ist wieder die Visitenkarte. Platzieren Sie auf der einen Seite Ansprechpartner und Adresse, auf der anderen Seite Ihr Angebot. Die Visitenkarte können Sie an Ihre Flyer anheften oder direkt verteilen.

Angebote schaffen

Versuchen Sie attraktive Angebote zu schaffen. Wie oben beschrieben: Eine allgemeine Aufforderung zum Mitmachen ist wenig attraktiv, eine konkrete Beschreibung zieht mehr Menschen an. Viele Menschen haben keine Lust, sich an der „langweiligen" Verbandsarbeit zu beteiligen. Bieten Sie deshalb Aktionen oder Projekte zum Mitmachen an. Die Projekte sollten zeitlich befristet sein. Jeder kann so einen Einstieg erhalten, ohne sich festlegen zu müssen und ohne ein schlechtes Gewissen zu bekommen, wenn er wieder aussteigt. Ist das Projekt zu Ende, kann ein neues starten, wenn beide Seiten interessiert sind. Im Projekt sollte auch eine feste (Klein-)Gruppe existieren. Erfahrene und neue Mitglieder können sich erst mal in kleiner Runde kennenlernen. Für letztere ist somit auch die Hürde niedriger, sich zu engagieren.

Methode: Stellenausschreibung

Die »Stellenausschreibung« für ehrenamtliche Mitarbeit ist eine relativ neue Idee. Formulieren Sie einen Aufruf, der sich wie eine Stellenausschreibung liest. Das weckt Interesse und macht deutlich, dass Sie es ernst meinen. Nehmen Sie sich eine beliebige Stellenausschreibung aus einer Zeitung (zum Beispiel DIE ZEIT) und kopieren Sie das Format. Ihr Stil darf gerne etwas „lockerer" sein. In der Ausschreibung muss stehen:

– Beschreibung der Tätigkeit
– Adresse und Kontaktmöglichkeit
– Erforderliche Kompetenzen (locker formulieren)
– Einsatzort
– Zeitaufwand
– Kosten (eventuell Kostenerstattung)
– Zukünftige Aussichten

Paten einführen

Jeder, der neu in der Gruppe anfängt, sollte einen eigenen Ansprechpartner haben. Suchen Sie deshalb Paten für Neumitglieder. Diese Paten stehen in den ersten Sitzungen für Fragen zur Verfügung, sie erklären die Struktur und die Regeln der Gruppe. Der Pate sollte sofort nach der ersten Kontaktaufnahme als Ansprechpartner zur Verfügung stehen. Nichts ist ärgerlicher, als zu einer Sitzung Ihres Vereins eingeladen zu werden, und dann kümmert sich niemand um einen. Danach wird man sicherlich nicht wiederkommen.

Freundeskreise nutzen

Die meisten Aktiven werden durch persönliche Kontakte gewonnen. Sprechen Sie Menschen direkt an. Wer sich für die Gruppe interessiert, ist auch ein potentieller Mitstreiter. Der Freundeskreis ist die erste Wahl bei der Mitgliederwerbung.

Zufriedene Freiwillige sind immer noch die beste Werbung. Sie können aus eigener Erfahrung und Anschauung andere begeistern und zur Mitarbeit motivieren.

4. Mitglieder halten

4.1 Voraussetzungen

Viele Initiativen können sich stundenlang darüber auslassen, dass nur noch wenige Mitglieder dabei sind. Die meisten anderen würden sich nie blicken lassen und nur noch (wenn überhaupt) ihren Beitrag zahlen. Die Arbeit würden nur noch drei oder vier Leute machen, ohne diese würde der Laden zusammenbrechen. Wenn man dann genauer nachfragt, erhält man die paradoxe Erklärung: Gerade diese aktiven Mitglieder verhindern die Mitarbeit der anderen. Der Verein läuft mit ihnen (mehr oder weniger) gut. Es besteht (augenscheinlich) gar nicht die Notwendigkeit, andere Mitglieder an den Entscheidungen wirklich zu beteiligen. Dann würde „es ja doch nur endlose Debatten geben und wir würden gar nichts mehr schaffen"(Orginalzitat). Bohrt man weiter nach, erkennt man zudem, dass auch keine Angebote für Mitglieder zur Verfügung stehen. Eine Zeitlang funktioniert es ganz gut, nur, nach einer Weile wird die Mitgliederzahl immer kleiner und die Arbeitsbelastung der Aktiven immer größer. Bis schließlich der Verein sich auflöst.

Aktive zu interessieren, ist nicht schwer, sie zu halten jedoch sehr. Menschen sind bereit, sich zu engagieren, wenn:
- das Thema wichtig genug ist und auch von den bereits Engagierten so verstanden wird,
- die Zeitintensivität überschaubar und begrenzt ist,
- die Aufgabe klar beschrieben ist,
- das Eigeninteresse befriedigt wird,
- die Gruppe stimmt.

Dies gilt nicht nur für ehrenamtlich engagierte Menschen. Auch wenn Sie mit Angestellten arbeiten, gilt es, Engagement zu wecken und zu erhalten. Um die „innerliche Kündigung" zu verhindern, müssen immer wieder neue Aufgaben gestaltet werden, die den oben genannten Kriterien genügen.

4.2 Was tun?

Einfache Angebote definieren

Im Gegensatz zu früheren Zeiten sind heutzutage die Bindungen an Parteien und Vereine nicht mehr so stark ausgeprägt. Ein flexibler Umgang mit der Idee der Mitgliedschaft und verschiedene Angebote mit unterschiedlichen zeitlichen Anforderungen können mehr Menschen motivieren mitzumachen. Seien Sie offen für Menschen, die sich nur ab und zu in Ihrer Gruppe engagieren wollen. Diese sind keine Belastung, sondern können mit geeigneten Angeboten viel zu Entwicklung der Arbeit beitragen. Versuchen Sie deshalb einzelne Projekte zu definieren, die ein zeitlich begrenztes Maß an Engagement benötigen. Diese können Sie mit Projektgruppen durchführen.

Sinnvolle Aufgaben verteilen

Menschen müssen von dem Sinn ihres Tuns überzeugt sein, sonst gerät das Engagement gegen Null. Die Angebote, die Sie machen, müssen dementsprechend sinnvoll sein und gebraucht werden. Die Aufgaben müssen immer freiwillig übernommen werden. Ungeliebte Aufgaben müssen regelmäßig in der Gruppe rotieren.

Den Bürgersteig zu fegen, ist in einigen Regionen Deutschlands sinnvoll (Sonst ist das gedeihliche Miteinander der Nachbarn in Gefahr). Wenn Sie diese Aufgabe immer an dieselben Personen (Ihren Kinder) delegieren, wird er oder sie das bestimmt nicht lange mit Enthusiasmus machen. Es sei denn, diese Person sieht einen Sinn in der Sache (Geld verdienen, andere Arbeiten vermeiden etc.).

Preise und Auszeichnungen

Loben Sie Ihre Mitglieder. Preise oder Auszeichnungen sind ein gutes Mittel. Diese müssen nicht immer teuer sein oder „offiziell" aussehen. Es reicht eine lustige Urkunde für die „erfolgreiche Teilnahme" an einer Aktion, die Auszeichnung für den „aktivsten Spendensammler" oder Ähnliches. Suchen Sie sich dafür einen netten Rahmen, zum Beispiel Ihre Weihnachtsfeier. Übertreiben

Sie es aber nicht, sonst wirkt es schnell lächerlich. Lob funktioniert auch in einem persönlichen Gespräch.

Mitglieder, die aus welchen Gründen auch immer ausscheiden, müssen Sie persönlich verabschieden. Bedanken Sie sich für die Mitarbeit. Solch ein Abschied ist für beide Seiten angenehm und ermöglicht es, eventuell später noch mal zusammenzuarbeiten. Für langjährige Mitglieder oder für besondere Dienste sollte eine Ehrung offizieller ausfallen. Da ist Ihre Phantasie gefragt.

Vorteile

Machen Sie die Vorteile deutlich, die die Mitgliedschaft bei Ihnen bedeutet. Das können auch ganz handfeste Dinge sein. Warum nicht im örtlichen Supermarkt nach Rabatten oder Einkaufsgutscheinen fragen? Im Vereinsheim gibt es auf Speisen 5 % Rabatt? Handwerker in der Gegend machen Sonderpreise? Damit werden Sie keine neuen Mitglieder anlocken, doch bestehende werden den Service zu schätzen wissen.

Stellen Sie auch regelmäßig die Erfolge der Gruppe heraus. Betonen Sie, was Sie als Gruppe alles schon erreicht haben. Solch eine Rückschau hilft zu erkennen, warum man in der Gruppe ist und welche Vorteile sich daraus ergeben. Wenn Sie Ehrenamtliche werben wollen: Bieten Sie ein Zeugnis für die aktive Mitarbeit an. Im Lebenslauf sind ehrenamtliche Aktivitäten sehr gefragt. Dieses Angebot ist besonders für Jugendliche geeignet.

Gruppenerlebnis stärken

Die meisten Menschen beziehen ihre Motivation aus dem positiven Gruppengefühl. Der Spaß und die Freude an der gemeinsamen Arbeit muss deshalb immer gegeben sein. Schaffen Sie also Gruppenerlebnisse. Das können Ausflüge sein, gemeinsame Feiern, aber auch ein gemeinsamer Garten oder Park, der von der Gruppe gepflegt wird. Die Teilnahme an diesen Erlebnissen muss aber unbedingt freiwillig sein, zwingen darf man niemanden.

Viele Umweltgruppen in Süddeutschland pachten für einen geringen Betrag ungenutzte Äcker und legen sogenannte Streuobstwiesen an. Das Gruppenerlebnis und die Ernte im Herbst sind Höhepunkte der alljährlichen Arbeit.

Seien Sie lebendig

Nicht ist langweiliger als eine Organisation, die sich nicht weiterentwickelt. Probieren Sie ständig etwas Neues aus. Schaffen Sie neue Arbeitsbereiche und ruhen Sie sich nicht auf dem Erreichten aus. Auch Ihr Leben wäre ganz schön langweilig, wenn nichts Neues passieren würde.

Checkliste: Haben Sie eine aktive Gruppe?

Sind die freiwilligen Aufgaben attraktiv?

Gibt es einfache Angebote für die Mitglieder?

Sind Aufgaben zeitlich befristet?

Werden Bedürfnisse nach Kontakten, Erlebnissen und zusätzlichen Erfahrungen berücksichtigt?

Welche Vorteile ergeben sich aus der Gruppenarbeit?

Gibt es Neues in der Arbeit der Gruppe?

VII. Weiterführende Literatur und Adressen

Direkte Hilfen fürs Ehrenamt

Bürgernetzwerk ehrenamtliches Engagement:
http://www.b-b-e.de/
Das Netzwerk will ehrenamtliche Strukturen fördern und ausbauen. Unter dem Stichpunkt Service finden sich einzelne Hilfen zu Verbandsführung, Öffentlichkeitsarbeit etc.

Aktiv.um: Der Oekom-Verlag bringt in loser Reihenfolge Themenhefte für Umwelt und Naturschutzgruppen heraus.

Die Organizer-Spirale. Eine Anleitung zum Mächtig-Werden für Kampagnen, Initiativen und Projekte. Von Andreas Wohnig (2003). Stiftung Mitarbeit, 6,00 €
In diesem Buch wird eine Form der Organisationsmöglichkeit für Basisgruppen aufgezeigt. Initiativen erfahren hier, wie sie sich selbst organisieren und die eigene Gruppe voranbringen können.

How to win, a guide to successful campaigning, pdf unter:
http://community.foe.co.uk/resource/how_to_campaign_guide/a_guide_to_successful_comm0.pdf
Umweltgruppen erfahren hier, wie sie eine Kampagne aufziehen können und wie einfache Gruppenorganisation funktioniert. Dieses Handbuch richtet sich speziell an Umweltgruppen des Netzwerkes.

Was geht, Probleme lösen, mehr Durchblick bekommen, Projekte machen. Von Matthias Wiards, Jochen Butt (2002). Stiftung Mitarbeit, 6,00 €

„Was geht"?! Die Tipps, die hier im Buch und auf CD zu finden sind, helfen Jugendinitiativen bei der Arbeit – egal, worum es sich bei dem Projekt dreht. Die wichtigsten Themenbereiche: Projektplanung, Öffentlichkeitsarbeit, Internationale Aktionen, Finanzierungsmöglichkeiten, Problemlösung in der Gruppe.

Vereinspraxis. Von Dieter Harant, Ulrike Köllner ([4]2006). AG Spak Ratgeber, 18,00 €

Der Ratgeber richtet sich an all jene, die sich mit rechtlichen Fragen und Problemen auseinandersetzen wollen bzw. müssen. Dies können ehrenamtliche Vorstände oder Mitarbeiter, aber auch hauptamtliche Arbeitnehmer von Vereinen sein. Der Ratgeber gibt Hilfestellung vor allem zu folgenden Punkten: Gründung, Rechtsform und Vereinsorgane, Steuern und Verwaltung, Rechnungslegung, Arbeitgeberpflichten ...

Navigationshilfe für Umweltbewegte. Methoden für erfolgreiches Engagement. Von Rasmus Grobe, Imke Kreusel (2004). Ökonom-Verlag, 23,00 €

Dieses Buch ist für Ehrenamtliche in lokalen Umweltgruppen. Es zeigt, was Aktive wissen müssen, um in einer Gruppe erfolgreiche umweltpolitische Arbeit zu machen: theoretische Hintergründe, praktische Methoden und deren Anwendung in der Praxis.

Bürgerhandbuch. Basisinformationen und 66 Tipps zum gemeinsamen Tun. Von Paul Ackermann (2004), Wochenschau Verlag, 12,80 €

Dieses Buch bietet in 10 Bausteinen Basisinformationen und 66 konkrete Tipps für Bürgerinnen und Bürger. Zielgruppe: Einzelpersonen.

Beispiele wissenschaftlicher Titel

Staat und Lobbyismus. Von Florian Busch-Janser (2005). Media on demand, 24,00 €
In seiner wissenschaftlichen Studie geht Busch-Janser der Frage nach, wie offen das politische System für die Einflussnahme unternehmerischer Partikularinteressen ist.

Die stille Macht. Lobbyismus in Deutschland. Von Thomas Leif, Rudolf Speth (2003). VS Verlag für Sozialwissenschaften, 32,90 €
In diesem Buch wird der Lobbyismus umfassend analysiert und der ständig wachsende Einflussbereich von Wirtschaft auf politische Entscheidungen neu vermessen. Die politische und wissenschaftliche Analyse zur aktuellen Entwicklung der politischen Lobbyarbeit wird durch neue Studien und zahlreiche Fallbeispiele, etwa der Pharmalobby, Straßenbaulobby und Agrarlobby ergänzt.

EU Lobbying. Principals, Agents, and Targets. Von Irina Michalowitz (2005), Lit, 29,90 €
Die Autorin untersucht mithilfe eines Principal-Agent- und Tauschansatzes, ob verallgemeinerbares strategisches Verhalten in europäischem Lobbying existiert, wie es systematisiert werden kann, und welche Auswirkungen es hat.

Beispiele für Handbücher zum Lobbyismus für Fachleute auf nationaler Ebene

Handbuch des deutschen Lobbyisten. Von Gunnar Bender, Lutz Reulecke, Martin D. Ledwon (2003). Frankfurter Allgemeine Buch, 33,50 €

Die tägliche Arbeit wird von Inhalten dominiert und muss transparent und systematisch gestaltet sein, um nachhaltigen Erfolg erzielen zu können. Gunnar Bender und Lutz Reulecke erläutern gezielt die verschiedenen inhaltsgetriebenen Lobbymethoden. Es wird erklärt, wie es gelingt, relevante Themen auf der politischen Agenda zu platzieren oder auf Vorhaben der politischen Akteure angemessen und effektiv zu reagieren.

Politikberatung in Deutschland. Praxis und Perspektiven. Von Steffen Dagger, Christoph Greiner, Kirsten Leinert (2004). VS Verlag für Sozialwissenschaften, 24,90 €

Ein Überblickswerk zum großen Thema Politikberatung inkl. Lobbying, PR, Wahlkampf, Public Affairs. Durch die Vielzahl der Perspektiven erhält der Leser einen breiten Überblick über die Formen und Vielschichtigkeit der Beratung.

Beispiele Zielgruppe Unternehmer

Lobbying. Das Praxishandbuch für Unternehmen. Von Hans Merkle (2003). Primus Verlag, 34,90 €
Dieses Praxishandbuch erläutert klar und kompakt, wie ein Unternehmen Lobbying betreiben kann, um Entscheidungsträger in Politik und Verwaltung für die eigenen Interessen zu gewinnen.

Power Lobbying: Das Praxishandbuch der Public Affairs. Wie professionelles Lobbying die Unternehmenserfolge absichert und steigert. Von Peter Köppl (2003). Linde, 34,10 €
Peter Köppl zeigt dem Leser, wie er mit Public Affairs das Umfeld seines Unternehmens aktiv so gestalten kann, dass die Erreichung der formulierten Ziele möglich ist: durch Lobbying, die Beeinflussung von politischen und gesetzlichen Entscheidungen oder durch permanentes Risikomanagement.

Beispiele einzelner Fachtitel

Handbuch Presse- und Öffentlichkeitsarbeit. Von Norbert Franck (^{2}2003). Fischer, 12,90 €
Das Handbuch vermittelt das Know-how und Handwerkszeug, das notwendig ist, um
- Pressemitteilungen, Selbstdarstellungen und Faltblätter zu schreiben,
- Pressekonferenzen und Interviews erfolgreich zu meistern,
- die Bedeutung der Arbeit eines Verbands herauszustellen,
- ein positives Image und Vertrauen aufzubauen,
- von den Anliegen einer Organisation zu überzeugen.

Praxisbuch Public Relations. Mit überzeugender Öffentlichkeitsarbeit zum Erfolg. Von Folker Kraus-Weysser (2002). Beltz, 22,90 €
Folker Kraus-Weysser gelingt es, die Möglichkeiten der Öffentlichkeitsarbeit spannend und anschaulich darzustellen. Alle wichtigen Fragen der Umsetzung werden Schritt für Schritt erläutert und durch zahlreiche Beispiele verdeutlicht. Das Buch eignet sich als Ideenhandbuch für Leute, die die PR im eigenen Haus machen möchten. Es kann aber auch als optimale Vorbereitung für Briefing und Auswahl einer PR-Agentur dienen.

Öffentlichkeitsarbeit. Ein Ratgeber für Klein- und Mittelunternehmen. Von Siegfried Aberle, Andreas Baumert (2002). Beck Juristischer Verlag, 10,00 €
Auch kleine und mittlere Unternehmen müssen aktive Öffentlichkeitsarbeit betreiben. Nur wenige können einen Profi einstellen, der diese Funktion übernimmt. Also muss jemand im Betrieb einspringen, Pläne entwickeln, die Pressemitteilungen schreiben und vergleichbare Aufgaben wahrnehmen. Dazu geben die Autoren praktische Hilfe mit vielen Checklisten. Sie zeigen Wege für den erfolgreichen Auftritt in der Öffentlichkeit und vor der Presse, führen in die aktuellen Themen der Öffentlichkeitsarbeit ein (Konzepte, Pressearbeit, interne Information, Krisen sowie Konflikte) und verzichten dabei auf allen Ballast, der in der Praxis des Klein- und Mittelunternehmens nicht interessiert.

30 Minuten für erfolgreiche Presse- und Öffentlichkeitsarbeit.
Von Jens Ferber (2000). Gabal, 6,50 €
Möchten Sie wissen, wie Sie auch in einem kleinen oder mittelständischen Unternehmen von PR profitieren können – und das bei minimalem Einsatz von Zeit, Geld und Arbeitskraft? Innerhalb von nur 30 Minuten erfahren Sie hier: wie ein stimmiges PR-Konzept entsteht – welche Marketing – Instrumente es gibt und wie Sie sie für Ihre Zwecke am besten einsetzen – wie eine Presse-Information aussehen sollte und wie ein Presse-Gespräch abläuft – worauf es im Umgang mit Journalisten ankommt und – wie Sie Ihren Auftritt im Internet optimal gestalten.

Fundraising, Das Finanzierungshandbuch für Umweltinitiativen und Agenda-21-Projekte von Jacob Radloff, Georg Rettenbacher, Anja Wirsing (Hrsg.) (2001). Okom, 24,50 €
Wie Finanzierungsprobleme erfolgreich gelöst werden können, zeigt dieses Handbuch. Auf über 400 Seiten finden Projektinitiativen alles zum Thema Finanzierung. In dieser Form einzigartig im deutschsprachigen Raum sind die umfangreichen und übersichtlich dargestellten Porträts von rund 100 Umweltstiftungen.

Danksagung

An Claudia und Tjure, sowie Elsbeth und Harry für alles.

An Miriam Barnat für die gute Zusammenarbeit.

Und an Ilka Petersen, Stefan Niederhafner, Gunne Wiedemann und besonders Michael Wurster für die Unterstützung.

WOCHEN SCHAU VERLAG

Konfliktbewältigung und Gewaltprävention

Achim Schröder, Angela Merkle

Leitfaden Konfliktbewältigung und Gewaltprävention

Pädagogische Konzepte für Schule und Jugendhilfe

Der Leitfaden gibt Lehrern, Sozialpädagogen, Erziehern und Eltern einen detaillierten Überblick über die derzeit gängigen Konzepte und Verfahren im Umgang mit Gewalt bei Heranwachsenden und zeigt, für welche Zielgruppe sie jeweils geeignet sind.

ISBN 978-3-89974303-6, 224 S., € 14,80

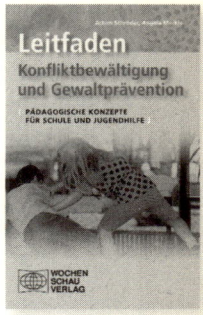

Christa Kaletsch

Handbuch Demokratietraining in der Einwanderungsgesellschaft

Aktive Schülervertretung
Für Schüler, Lehrer und Eltern

Ein Trainingskonzept, mit dem Jugendliche Lust auf Teilhabe an demokratischen Prozessen bekommen. Für Schule und außerschulische Bildung.

ISBN 978-3-89974305-0, 240 S., € 14,80

Helmolt Rademacher (Hrsg.)

Leitfaden Konstruktive Konfliktbearbeitung und Mediation

Für eine veränderte Schulkultur

Über die Chancen, die konstruktive Konfliktbearbeitung eröffnet, wird hier praxisnah vor dem Hintergrund von langjähriger Erfahrung mit Mediation in Schulen berichtet.

ISBN 978-3-89974229-9, 144 S., € 12,80

www.wochenschau-verlag.de

Adolf-Damaschke-Str. 10, 65824 Schwalbach/Ts., Tel.: 06196 / 860 65, Fax: 06196 / 860 60

**WOCHEN
SCHAU
VERLAG**

Fremden-
feindlichkeit

Klaus-Peter Hufer

Argumente am
Stammtisch

**Erfolgreich gegen Parolen,
Palaver und Populismus**

Der Autor stellt Merkmale, Muster und Handlungsmöglichkeiten bei der Konfrontation mit „Stammtischparolen" dar. Mit dem Buch sollen Menschen ermutigt werden, im Alltag couragiert einzugreifen, wenn sie mit Parolen und Propagandasprüchen konfrontiert werden. Inhaltlich spannt sich der Bogen vom allgemeinen Politikverdruss über antidemokratische Ressentiments, Sexismus, Fremdenfeindlichkeit und Rassismus zum Rechtsextremismus. Die Ratschläge für die Gegenstrategien beruhen auf wissenschaftlich gesicherten Erkenntnissen.

978-3-89974245-9, 144 S., € 10,00

Vom gleichen Autor:

Argumentationstraining gegen
Stammtischparolen

Materialien und Anleitungen für Bildungsarbeit und Selbstlernen. Wem ist es nicht schon einmal begegnet? Onkel Albert wettert beim Familienfest, der freundliche Nachbar bringt starke Sprüche am Gartenzaun, das Publikum beim Fußball skandiert Parolen – was kann man dazu eigentlich sagen?

978-3-87920-054-2
128 S., € 10,00

www.wochenschau-verlag.de

Adolf-Damaschke-Str. 10, 65824 Schwalbach/Ts., Tel.: 06196 / 860 65, Fax: 06196 / 860 60